KB197670

나폴레온 힐과의 마지막 대화

나폴레온 힐과의 마지막 대화

The Positive Side of the Street

**성공학 대가가
삶의 끝에서 발견한
자기 경영의 비밀**

나폴레온 힐 지음 | 박영준 옮김

일러두기

• 이 책에서 시 제목은 홑화살괄호(〈〉), 단행본, 잡지, 신문은 겹화살괄호(《》) 안에 표시하였습니다.
• 본문의 괄호 안 글 중 독자의 이해를 돕기 위해 옮긴이가 덧붙인 글은 '—옮긴이'로 표시하였습니다. 이 표시가 없는 글은 저자의 글입니다.
• 인명은 국립국어원 한국어 어문 규범의 외래어 표기법을 따랐으며 이곳에 포함되지 않은 인명은 되도록 원지음을 따랐습니다.

삶의 목표를 선택하고,
긍정과 신념을 바탕으로 결승점을 향해 나아가라.
성공의 길은 그렇게 만들어진다.

나폴레온 힐

긍정의 거리를 여행하는 사람들에게

1950년대에 나폴레온 힐은 은퇴 후 미국 로스앤젤레스에서 안락하고 행복한 삶을 누리고 있었다. 그러나 평생 그래왔던 것처럼 그는 결코 쉬는 법이 없었다. 그때까지도 수십 권의 책을 펴내고, 수백 편의 기고문을 쓰고, 헤아릴 수도 없이 많은 강의를 이어나가고 있었다. 또 라디오와 텔레비전 프로그램에도 출연해서 자신의 성공철학을 계속 이야기하고 대중에게 전파했다. 1952년, 힐이 은퇴 생활을 청산하고 본격적인 활동을 이어가도록 독려한 사람은 그의 긴밀한 사업 동반자인 시카고의 보험 재벌 윌리엄 클레멘트 스톤W. Clement Stone이었다.

1962년, 스톤과의 사업적 관계는 마무리됐지만 힐은 걸음을 멈추지 않았다. 그는 자신이 수십 년간 연구하고 경험해서 발견해 낸 성공의 원칙들을 대중에게 계속 알리고 싶어 했다. 그로부터 2년 뒤, 80세가 된 그는 사우스캐롤라이나에 거주하면서 다시 절반쯤 은퇴한 상태로 아내 애니 루Annie Lou와 함께 편안하고 행복하게 살고 있었다. 몸과 마음은 여전히 건강했고 생활하는 데 필요한 돈도 풍족했다. 그렇게 풍요로운 생활을 해나가던 때에 오클라호마주 털사Tulsa에서 진행되는 시리즈 강의에 나섰고 그 강의에서 17가지 핵심 성공 원칙을 집중적으로 이야기했다. 그는 이 강의를 '자아 성취의 과학Science of Personal Achievement'으로 불렀다.

당시 누군가가 이 강의 전체를 녹음했는데, 그 녹음 자료가 나폴레온 힐 재단에 의해 최근에야 발견됐다. 오디오 자료나 인쇄물의 형태로 단 한 번도 공개된 적 없는 이 녹음 자료는 힐이 전 생애에 걸쳐 정리한, 강력한 핵심 성공 원칙을 생생하고 친절하게 알려줄 뿐만 아니라 삶의 마지막 순간을 향해 가고 있던 위대한 인물의 깊은 통찰을 아낌없이 보여준다. 힐은 이 강의를 마친 시점으로부터 6년 뒤인 1970년에 세상을 떠났다.

여러분은 이 책에서 미래를 향한 낙관적 관점을 한결같이 유지하고 있는 나폴레온 힐의 사상과 그가 삶의 후반기에 새롭게 포착한 주요 원칙, '긍정적 정신 자세'와 '신비한 습관의 힘'을 확인할 수 있다. 힐은 자신의 오랜 경험을 통해 직접 깨달은 '정확한 사고', '신체 건강', 그리고 '기대 이상 해내기'의 중요성도 강조한다. 그의 젊고 생동감 있는 철학과 오랜 삶의 경험으로 획득한 원숙한 지혜가 조화롭게 잘 어우러져 있음을 알 수 있을 것이다.

나폴레온 힐과 나눈 마지막 대화를 전할 수 있게 되어 대단히 자랑스럽게 생각한다. 힐 자신도 여기에 담긴 핵심 철학 덕분에 성공을 향한 탐구와 증명을 끝까지 지속할 수 있었다고 밝혔듯이 이 철학들이 여러분이 성공을 향해 가는 길에도 도움이 되기를 바란다. 또 그가 강조한 바와 같이 이 강의가 '긍정의 거리'를 여행하는 사람들에게 조금이라도 힘이 되기를 소망한다.

- 돈 그린(나폴레온 힐 재단 CEO)

불확실한 삶을 돌파하는 자아 성취의 과학

진행자　　나폴레온 힐 박사님이 들려주는 핵심 성공철학 강의에 오신 여러분 환영합니다. 강의를 통해 소개할 자아 성취의 과학은 여러분께 더 풍요롭고 만족스러운 삶을 선사할 목적으로 설계되었습니다. 성공으로 향하는 가장 확실한 길은 이미 성공에 도달한 사람들의 발자취를 따르는 것이라는 말이 있습니다. 바로 그것이 여러분이 지금부터 하게 될 일입니다. 일생을 바쳐 진정한 성공의 원칙을 체계화하고 교육해 온 힐 박사님과 함께 성공을 향한 첫발자국을 떼는 겁니다. 자, 더 지체할 것 없이 여러분의 성공 동반자가 될 힐 박사님을 소개합니다! 힐 박사님, 우선 자아 성취의 과학을 어떻게 개발하게 됐는지 말씀해 주시겠습니까?

나폴레온 힐   1908년, 당시 대단한 부를 이룬 US 스틸^{United} States Steel Corporation의 설립자이자 자선 사업가 앤드루 카네기가 제게 성공에 이르는 법칙을 조사하고 연구하는 일을 맡겼습니다. 저는 그 일을 20년간 이어갔어요. 카네기는 자신처럼 수많은 시행착오를 겪으며 성공의 규칙을 배운 사람들의 경험과 지식, 그리고 이에 기반을 둔 새로운 철학이 세상 사람들에게 꼭 필요하다고 믿었습니다.

진행자   박사님께서 그 성공철학의 핵심, 자아 성취의 과학을 연구하고 개발하는 과정에서 헨리 포드와 토머스 에디슨을 포함해 위대한 성공을 이룬 500여 명을 인터뷰했다는 말이 사실인가요?

나폴레온 힐   사실입니다. 윌리엄 클레멘트 스톤, 알렉산더 그레이엄 벨, 전직 미국 대통령 윌리엄 태프트와 우드로 윌슨, 필라델피아의 백화점왕 존 워너메이커, 타이어와 고무산업의 선구자 하비 파이어스톤, 목사 겸 작가 프랭크 크레인 박사 등 크게 성공한 사람들을 빠짐없이 만나 인터뷰했습니다. 3,000명이 넘는 인물을 만났지만, 그중 유익하고 실용적인 성공철학을 개발하는 데 도움이 된 사람은 500명

정도였습니다.

진행자   앞으로 자아 성취의 과학을 구성하는 17가지 원칙에 관해 배워볼 텐데요. 본격적인 강의에 앞서 특히 중요한 원칙 몇 가지만 소개해 주시겠습니까?

나폴레온 힐   자아 성취의 과학이 원래 설계된 대로 목적을 달성하기 위해서는 17가지 원칙 모두가 각자 제 기능을 수행해야 합니다. 마치 체인과 같다고 보면 됩니다. 체인을 잘라 연결 고리를 하나 떼어낸다면 그건 체인이 아닙니다. 그냥 두 부분으로 나뉜 쇠줄일 뿐이죠. 하지만 이 자리를 찾은 여러분을 위해 그중에서 예닐곱 개의 원칙을 먼저 이야기할 수는 있습니다. 모든 성취의 출발점인 '명확한 목표definiteness of purpose'를 포함해서 '매력적인 성품attractive personality', '마스터 마인드Master Mind', '실천하는 믿음applied faith', '기대 이상 해내기going the extra mile', '체계적 노력organized endeavor', '긍정적 정신 자세positive mental attitude'를 꼽을 수 있겠네요. 자아 성취의 과학을 이루는 원칙을 나사렛 예수의 삶에서도 찾아볼 수 있습니다. '명확한 삶의 목표'를 가지고 있었고 열두 제자를 자신의 '마스터 마인드 그룹'으로 삼았으니까요. 또 강력한 '자기 절제력'과 '긍정적 정신 자세'를 지닌 분이었다는 것도 꼽을 수 있어요. 지금 이야기하는 것들이 조금 생소하더라도 조금만 기다려 주세요. 앞으로 자세히 살펴볼 겁니다.

진행자　마가복음 9장 23절에는 이렇게 쓰여 있죠. '예수께서 이르시되 할 수 있거든이 무슨 말이냐. 믿는 자에게는 능히 하지 못할 일이 없느니라 하시니.'

나폴레온 힐　믿음이 종교적 가치로만 기능하지는 않습니다. '실천하는 믿음'의 가치를 믿고 삶에 활용한다면 아무리 평범한 사람이라도 실패를 성공의 기회로 바꿀 수 있어요. 이 원칙은 인간이 지니는 공포에 대처하는 법을 알려줄 뿐만 아니라, 긍정적인 마음가짐을 유지하고, 용기를 기르고, 자주성을 개발하는 데도 도움을 줍니다. 또 일시적인 패배와 영구적인 실패의 차이도 구분하게 해주죠. 그뿐 아니라 믿음을 잘 활용하는 사람은 타인에게 신뢰를 얻고, 스스로 정했던 한계도 없앨 수 있어요. 이에 관해서는 3장에서 자세히 다룰 예정입니다.

진행자　　자아 성취의 과학에 포함된 또 다른 주제로는 '정확한 사고accurate thought', '절제된 집중력controlled attention' 그리고 '신비한 습관의 힘cosmic habit force' 등이 있는데요. 박사님께서는 신비한 습관의 힘이 가장 마지막에 발견한, 핵심 원칙이라고 예고하셨습니다. 신비한 습관의 힘을 간략히 설명해 주실 수 있나요?

나폴레온 힐　　아니요. 신비한 습관의 힘은 그렇게 간단히 설명할 수 있는 게 아닙니다. 저는 이 위대한 자연의 법칙을 발견하기 위해 20년 동안 1,000여 권의 책을 읽었습니다. 하지만 성공철학을 우리의 삶에 적용하고 지속하는 데 이 원칙이 가장 핵심적인 역할을 담당한다는 사실만큼은 자신 있게 미리 말씀드릴 수 있어요.

진행자　　그렇군요. 박사님께서 부와 성공에 관심 가지게 된 계기가 있을까요?

나폴레온 힐　　저는 버지니아의 산골 마을에서 태어났습니다. 제가 나고 자란 곳에서는 세 가지가 유명했어요. 방울뱀, 밀조 위스키, 그리고 세금 징수원이었습니다. 저는 열 살이 되도록 신발 한 켤레도 없었고 열두 살까지는 기차를 직접 본 적도 없었죠. 아버지가 왜 나폴레온 힐이라는 이름을 제게 지어주었는지는 나중에야 알게 됐습니다. 테네시주 멤피스에 거주하던 아저씨의 이름이 나폴레온 힐이었어요. 그 아저씨는 목화 중개업으로 수백만 달러를 벌어들인 큰 부자였습니다. 저희 아버지의 의도를 짐작한 분이 계실까요? 그 아저씨가 자신과 똑같은 이름을 가진 제게 유산을 몇 푼이라도 물려줄 거라는 기대 때문이었죠. 하지만 제가 열네 살이 된 해에 세상을 떠난 아저씨의 유언장에는 저와 저희 집안이 언급조차 되어 있지 않았습니다. 제게는 그것이 큰 행운이었다고 생각합니다. 그 아저씨에게 돈을 물려받은 사람들의 삶에 어떤 일이 벌어졌는지 잘 알고 있기 때문이에요.

진행자　　어떤 일일까요? 그분들에게 어떤 일이 벌어진 거죠?

나폴레온 힐　아무 일도 없었습니다. 그들의 삶에는 정말 아무 일도 일어나지 않았어요. 반면 저는 아무런 유산도 물려받지 못한 바람에 밖으로 나가서 일해야 했죠. 그렇게 스스로 돈을 버는 법을 배웠습니다.

제 삶에서 그다음으로 찾아온 행운은 앤드루 카네기에게 이 성공철학을 수립하는 일을 의뢰받은 겁니다. 그가 내건 조건은 경제적 지원 없이 제가 스스로 돈을 벌면서 그 작업을 해나가야 한다는 것이었죠. 지금에야 하는 말이지만 그때는 그게 말도 안 되는 조건이라고 생각했습니다. 하지만 이제는 제 삶에 주어진 커다란 축복이었음을 압니다. 직접 돈을 벌면서 삶을 헤쳐나가고 성공하는 법을 배우니 저는 카네기 씨가 세상을 떠나기 한참 전부터 경제적 측면뿐 아니라 다른 어떤 부분에서도 이미 그의 도움이 전혀 필요하지 않게 되었었습니다.

앤드루 카네기는 매우 현명한 사람이었습니다. 제가 삶을 스스로 개척하도록 이끌었죠. 그는 제가 이 성공철학을 차근차근 정립해 나가면서 그 이론을 제 삶에 먼저 적용하기를 바랐습니다. 그는 명색이 성공철학자라는 사람이 돈 한 푼 없이 돼지우리 같은 집에서 살고, 더러운 구두를 신고, 수염도 깎지 않고 돌아다닌다면 성공을 추구하는 사람으로서 모범을 보이지 못하는 거라고 말했습니다. 다른 사람들의 성공을 도우려면 제가 먼저 그 철학이 효과가 있다는 사실을 입증해야 한다는 거였죠. 저는 그 기준에 부합하는 결과를 만들어냈다고 자부합니다.

진행자　　그럼 이제 앤드루 카네기 씨를 만난 사연을 자세히 들려주실 수 있을까요?

나폴레온 힐　　저는 10대에 집을 떠나 대학교에 가고 싶었습니다. 하지만 돈이 없었어요. 그러다가 겨우 돈을 마련해서 테이즈웰 비즈니스 칼리지Tazewell Business College라는 전문대학교에 입학했고, 비서 과정을 수료했습니다. 그 과정을 마치고 나서 한 가지 생각이 떠올랐어요. 그건 지금까지 살아온 사람들과 앞으로 세상을 살아갈 수백만 명의 사람들에게 영향을 미칠 아이디어기도 했습니다. 저는 제가 일할 사람을 직접 선택하기로 했습니다. 제가 알기로 그런 식으로 일자리를 얻은 사람은 없었어요.

　크게 성공해서 엄청난 돈을 번 사람의 바로 옆에서 비서로 일한다면 그가 소유한 지식을 배워 활용할 수 있을 테고, 제게는 그것이 큰 재산이 될 거라고 생각했습니다. 그래서 제가 선택한 사람은 버지니아 출신의 루퍼스 아이어스Rufus A. Ayers 장군이었습니다. 그는 철도 회사, 은행, 제재소, 탄광을 소유하고 있었을 뿐 아니라 버지니아주에서 가장 큰 법률 회사의 고위직 임원이기도 했습니다. 제게 첫 번째 일자리를 제공하는 영광을 아이어스 장군에게 허락하기로 마음먹고, 당사자에게 편지로 그 소식을 전했습니다.

"친애하는 아이어스 장군님, 저는 테이즈웰 비즈니스 칼리지에서 비서 과정을 수료한 사람입니다. 제가 당신을 저의 첫 번째 고용주로 선택했다는 소식을 들으시면 기뻐하시리라 믿습니다. 다음과 같은 조건으로 장군님을 위해 일하고자 합니다. 처음 석 달 동안은 장군님을 위해 일한 대가로 원하는 액수의 급여를 지급해 드리겠습니다. 석 달이 지난 뒤에도 제가 계속 일하기를 원하시면 제가 장군님께 드린 액수만큼의 급여를 저에게 돌려주시면 됩니다. 한 가지 부탁드릴 점은 제가 장군님께 드릴 급여는 잠시 외상으로 하고, 제가 장군님을 위해 계속 일하기를 원하신다면 나중에 제가 받을 금액에서 그 돈을 공제해 주시기 바랍니다. 진심을 담아, 나폴레온 힐."

아마도 아이어스 장군은 이 편지를 받고 꽤 당황했을 겁니다. 그렇지 않을까요? 그는 제 편지에 답장을 보내지 않았습니다. 대신 제 아버지에게 전화를 걸었죠.

"그 아이를 좀 보내주시오. 한번 보고 싶소."

저는 법률 사무소로 아이어스 장군을 만나러 갔습니다.

그는 책상에서 일어나 아무 말도 없이 제가 앉아 있던 자리 주위를 서너 바퀴 돌더니 다시 자신의 자리로 돌아가 앉은 뒤 대화를 시작했어요.

"한 가지만 묻겠네. 그 편지는 자네가 직접 쓴 건가, 아니면 누군가가 그렇게 쓰라고 일러준 건가?"

"아이어스 장군님, 그 편지는 제가 직접 썼고 편지에 담긴 모든 말은 진심입니다."

"자네를 보고 나니 그럴 거라는 생각이 들었네. 내일 아침부터 비서실로 출근하게. 초봉은 규정대로 지급하겠네."

그가 말한 초봉은 한 달에 50달러나 되는, 당시로서는 엄청난 금액이었습니다.

얼마 뒤 저와 동생은 변호사가 될 요량으로 조지타운대학교 로스쿨에 입학했습니다. 저는 그때도 글재주가 꽤 좋은 편이었기 때문에 한 잡지사와 계약을 맺고 사회적으로 크게 성공한 사람들을 취재해서 기사를 기고하는 일을 하고 있었어요. 풋내기 기자였던 거죠.

그러던 중에 당시 세계에서 가장 부유했던 인물, 앤드루 카네기를 인터뷰하는 행운을 얻게 됐습니다. 카네기는 사람을 보는 눈이 뛰어나기로 유명했습니다. 그가 그토록 큰 성공을 거둔 비결도 사람을 잘 골랐기 때문이었습니다. 자신에게 꼭 필요한 일을 해낼 능력을 지닌 마스터 마인드 연합군으로 주위를 채우는 법을 알았던 거예요. 다른 사람의 두뇌와 돈을 이용하는 법을 배우지 못하면 세상의 어떤 사람도 평범한 수준 이상으로 성공하지 못합니다. 카네기와 저는 그 전략을 OPB와 OPM이라는 약자로 부릅니다. 다른 사람의 두뇌other people's brain와 다른 사람의 돈other people's money의 앞 글자를 따서 만든 말이죠. 성공하려면 이 두 가지를 잘 조합하는 능력을 갖춰야 합니다.

다시 앤드루 카네기를 만났을 때로 돌아와 보겠습니다. 카네기는 3시간의 인터뷰 시간을 허락해 주었습니다. 인터뷰를 끝내야 하는 시간이 다가오자 그는 이렇게 말했어요.

"인터뷰는 이제 막 시작한 셈이네. 우리 집으로 가서 저녁을 먹고 계속하지."

저는 매우 기뻤습니다. 만일 "호텔로 돌아가서 내일 아침에 다시 오게"라는 말을 들었다면 꽤 난감했을 겁니다. 제 주머니에는 집으로 돌아갈 차비밖에 없었거든요. 카네기와 저는 저녁 식사를 마친 뒤에 서재로 자리를 옮겨 인터뷰를 이어나갔습니다. 그곳에서 카네기는 생전 처음 듣는 열정적인 어조로 본인의 생각을 이야기하기 시작했어요. 자신처럼 성공한 사람들이 평생 시행착오를 겪어가며 배우고 익힌 지식을 잘 보존해서 새로운 철학으로 정립하고, 이를 다음 세대로 물려줘야 한다는 것이었죠. 그는 수많은 사람이 엄청난 대가를 치르고 얻어낸 지식을 그들의 죽음과 함께 땅속에 묻어버리는 것은 죄악이라고까지 말했습니다. 그때까지 그런 철학을 체계화해서 누구나 활용할 수 있게 만든 사람은 없었기에 매우 놀라운 이야기였죠.

당시에는 그가 왜 저 같은 풋내기 기자에게 그런 이야기를 열정적으로 들려주는지 의아했습니다. 그런 일은 제가 감당하기에 너무 벅차다고 생각했기 때문입니다. 하지만 호기심이 생겨 마음과 귀를 활짝 열고 입을 다문 채 그의 말에 귀를 기울였습니다. 어찌 됐든 그가 전하는 생각과 말이 훌륭하다는 데는 의심의 여지가 없었으니까요. 그는 이 철학을 체계화한 사람에게 앞으로 어떤 좋은 변화가 있을지, 또 다음 세대의 사람들에게 이 철학이 어떤 혜택을 안겨줄지도 알려주었습니다.

"지금까지 이 새로운 철학의 가능성과 잠재력에 대해 내가 아는 것은 전부 이야기했네. 이제 자네에게 묻겠어. 바로 '예' 또는 '아니오'로 대답해 주기를 바라네. 하지만 완전히 마음을 먹기 전에는 대답하지 말게. 내가 자네에게 이 철학의 창시자가 되는 일을 위임하고, 자네가 그 작업을 진행하기 위해 만나야 하는 모든 사람에게 내가 소개장을 써 준다면 자네는 나의 경제적 지원 없이도 스스로 돈을 벌면서 앞으로 약 20년간 그 일을 해낼 수 있을 거야. 자, 이제 이 주제를 연구해 볼 생각이 있는지 대답해 주게."

여러분이라면 어떻게 할 것 같나요? 주머니에는 집으로 돌아갈 차비만 달랑 남은 청년이 세계에서 가장 돈이 많은 부자 앞에 앉아 앞으로 20년 동안 아무런 경제적 지원과 보조금 없이 일하라는 제안을 받는다면? 솔직히 그때 바로 든 생각은 지금 여러분의 생각과 같았습니다. 그 제안을 받아들이기가 불가능하다고 생각한 겁니다.

어느 큰 부자에게 예사롭지 않은 기회를 제안받으면 그 부담스러운 제안을 거절해야 할 온갖 부정적인 이유가 떠오르는 게 당연합니다. 그중 세 가지 정도 이유는 곧바로 댈 수도 있었습니다. 첫째, 저는 20년 동안이나 그 일을 지속할 만큼 금전적인 여유가 없다고 생각했어요. 둘째, 미국을 포함해 전 세계에서 그토록 크게 성공한 사람들을 상대하기에는 제가 받은 교육이 충분치 않다고 여겼죠. 가장 중대한 세 번째 문제는 카네기가 긴 시간을 들여 이야기한 '철학'이 무엇을 뜻하는지 당시에는 정확히 알지 못했다는 겁니다.

하지만 여러분, 이것이 얼마나 놀라운 장면인지 상상해

보세요. 충분한 교육도 받지 못한 젊은 청년 한 명이 세계에서 가장 돈이 많은 부자 앞에 앉아 인류 문명이 탄생한 뒤로 누구에게도 주어지지 않았던 놀라운 기회를 제안받고 있는 겁니다. 제가 알기로 세상의 어떤 작가도 500명이 넘는 위대한 인물들의 협조와 도움을 얻어 작품을 창조할 기회를 얻은 적이 없습니다. 그런 엄청난 기회가 저를 찾아온 것이었죠.

저는 그의 제안에 60초 안에 "예" 또는 "아니오"로 대답해야 했습니다. 당시 저는 알아차리지 못했지만 카네기는 맞은편에서 스톱워치를 켜고 시간을 재고 있었습니다. 제가 그 제안을 수락하기로 마음먹는 데는 정확히 29초가 걸렸어요. 31초 뒤에는 어떤 작가에게도 주어지지 않았던 기회가 날아갈 수도 있었던 겁니다.

"힐, 20년은 긴 시간이야. 나는 자네에게 꽤 어려운 일을 맡겼고 자네는 그 제안을 수락했네. 한 가지 알아두어야 할 점은 자네가 그 일을 시작해서 연구를 마치기 전까지 일을 중단하고자 하는 유혹이 수없이 닥칠 거라는 사실이네. 유약한 사람에게 가장 쉬운 일은 포기니까. 그러나 나는 자네가 유약한 사람이라고 생각하지 않아. 그렇게 생각했다면 이런 기회를 주지 않았겠지. 그럼에도 일을 그만두고자 하는 유혹이 닥치면 자네에게도 뭔가가 필요할 거라는 사실은 알고 있네. 이 방법을 쓰면 내가 자네에게 내준 과업을 완료할 때까지 세상의 그 무엇에도 방해받지 않고 마음을 완벽하게 길들일 수 있을 거야."

저는 그 말을 듣자마자 그가 하는 말을 빠르게 적어 내려가기 시작했어요.

"지금부터 하는 말을 한 단어 한 단어 밑줄을 그으며 받아 적게. 그리고 잠자기 전과 아침에 깼을 때 하루에 두 번씩 자신을 향해 그 메시지를 반복해서 이야기해야 하네. 거울을 바라보며 나폴레온 힐을 향해 이렇게 말하는 거야. 앤드루 카네기, 나는 당신과 똑같은 성공을 이룰 뿐 아니라 당신의 위치에 도전해서 당신을 능가하고 말 거야."

저는 연필을 내려놓고 말했죠.

"현실적으로 이야기하시죠. 제가 당신처럼 될 수 없다는 사실은 잘 아시잖아요."

당시 앤드루 카네기는 이미 억만장자가 되어 있었습니다. 그때까지 미국에서 탄생한 억만장자는 앤드루 카네기가 처음이었을 겁니다.

"물론 자네는 나처럼 될 수 없지. 그게 불가능하다고 생각한다면 말이야. 하지만 가능하다고 믿는다면 가능해질 것이네. 어떤가. 한 달 동안 내가 시킨 대로 할 수 있을까? 그렇게 하겠나?"

"네. 별로 어려운 일은 아니네요. 말씀대로 하겠습니다."

대답은 이렇게 했지만 제 마음 한구석에서는 부정적인 생각이 솟아나고 있었죠. 그 말대로 되기가 불가능하다고 생각했으니까요. 20대 초반의 새파란 젊은이가 이미 억만장자가 된 사람과 동등한 위치에 오를 것이며 한술 더 떠서 그를 넘어서겠다고 다짐하다니요. 터무니없을 뿐 아니라 우스운 일이었습니다. 심지어 겁이 나기도 했어요. 저는 그가 정신이 나간 건 아닌가 싶어서 그와 함께 일하기로 한 약속도 취소해야 하는 게 아닌가 하는 생각도 잠깐 들었죠.

워싱턴으로 돌아와 카네기와 함께 하기로 한 모험에 대해 곰곰이 생각했습니다. 워싱턴의 한 아파트에서 같이 살고 있던 동생에게는 제가 얼마나 바보 같은 일을 저질렀는지 이야기하고 싶지 않았지만, 달갑지 않은 소식을 그에게 전할 수밖에 없었습니다. 로스쿨에 다니는 동안에는 제가 생활비를 마련하기로 합의가 되어 있었거든요. 이제 그 약속을 깨고 동생이 알아서 돈을 벌어야 한다고 말해야 했던 겁니다.

저는 욕실로 들어가 문을 걸어 잠갔습니다. 그리고 거울 가까이 얼굴을 들이대고 카네기가 알려준 말을 속삭이듯 읊었습니다. 거울을 등지고 돌아서자, 제 마음의 눈에는 그곳에 서 있던 제 모습이 보였어요.

"터무니없는 거짓말쟁이 같으니. 네가 그런 사람이 될 수 없다는 사실은 너도 잘 알잖아."

마치 바보가 된 느낌이었습니다. 희극에 등장하는 도둑이라도 된 것 같았어요. 그런데도 저는 마음을 다잡고 이렇게 말했어요.

"그래, 카네기와 약속했으니 한번 해보자고."

거울을 보며 이렇게 말한 지 한 주 정도 되었을 때는 뭔가 바보 같은 일을 하고 있는 것 같다는 생각에서 벗어나지 못했습니다. 그러다 두 번째 주가 시작되려는 순간, 갑자기 제 안에서 이런 말이 들리기 시작했어요.

"한번 생각을 바꿔보면 어떨까? 앤드루 카네기가 세상에서 가장 부자고 세계에서 사람을 가장 잘 보는 것으로 유명하다면, 그가 이 일을 맡긴 이유는 너도 잘 모르는 네 안의 어떤 면을 발견했기 때문이 아닐까? 마음가짐을 바꿔보지 그래?"

여러분, 믿으실지 모르겠지만 이런 말이 들린 후 저는 정말로 마음가짐이 달라지기 시작했습니다. 그렇지 않았다면 오늘 이 자리에 서서 이야기를 들려드리지 못했을 거예요. 부정적인 방향에서 긍정적인 방향으로 정신 자세를 바꾸지 않았다면, 전 세계의 수많은 이들에게 성공철학의 메시지를 전하지도 못했겠죠. 저는 진심을 담아 카네기가 알려준 말을 반복해서 입 밖에 내었고, 그렇게 한 지 한 달이 지나자 앞으로 정말 그를 따라잡을 수 있을 뿐 아니라 능가할 수도 있다고 믿게 됐습니다.

그리고 이미 오래전에 그 목표를 달성했습니다. 제가 목표를 달성했다고 말하는 이유를 말씀드리죠. 카네기는 25명 정도의 백만장자를 탄생시켰고 저는 전 세계에 걸쳐 셀 수 없이 많은 백만장자를 길러내는 특권을 누렸습니다. 하지만 그것만으로 제가 카네기보다 뛰어난 업적을 이뤘다고 말하는 것은 아닙니다. 저는 그저 과거에는 존재하지 않았던 새로운 깨달음의 세계로 세상 사람들을 인도했고, 그들이 삶의 모든 측면에서 진정한 자기 자신이 되도록 도왔을 뿐이에요.

제가 한 일을 기록하고, 탐구하고, 실험하는 일도 멈추지 않았기에 늘 내일이 더욱 기다려집니다. 놀라운 성취를 향한 희망, 그리고 이 철학이 계속해서 더 넓은 세계로 멀리

퍼져나가는 모습을 목격하리라는 희망으로 매일의 하루하루를 고대하지요. 그런 미래를 꼭 보게 될 거라는 절대적인 믿음을 가진 덕에 풍요로운 나날을 보내며 삽니다.

차례

1장

*

당신이 진정으로
이루고 싶은 것은 무엇인가

: 명확한 목표 :

"어떤 일을 하든 간에 명확한 목표 없이
성공하기는 불가능합니다.
우리는 자신이 어떤 목표를 향하고 있는지,
그 목표를 지향하는 이유가 무엇인지
정확히 알아야 합니다."

진행자　　　이제 핵심 성공 원칙 17가지 중에 모든 성취의 출발점이 되는 원칙에서부터 이야기를 시작하면 좋겠습니다. 여정을 시작한 사람에게 목적지가 없다면, 즉 자신이 어디로 가야 할지 모른다면 꽤 혼란스러울 겁니다. 힐 박사님, 오늘날 수많은 사람이 그런 식으로 소중한 삶을 낭비하고 있지 않나요?

나폴레온 힐　　　물론입니다. 100명 중 98명은 어항에 담긴 금붕어처럼 이곳저곳을 돌아다니다 결국 아무것도 손에 쥐지 못한 채 처음 출발했던 곳으로 되돌아옵니다. '명확한 목표'가 그래서 중요한 겁니다. 명확한 목표가 우리에게 제공하는 혜택 여섯 가지를 말씀드리죠.

1. 자기 신뢰, 자기 주도성, 상상력, 열정, 자기 절제, 집 중적인 노력 등을 자동적으로 개발하게 해줍니다. 이 것들은 성공의 전제 조건입니다.
2. 시간을 잘 안배해서 우리가 매일매일 쏟아붓는 노력 을 효과적으로 계획하게 해줍니다. 그 덕에 우리는 삶 에서 가장 중요한 목적을 달성하는 데 집중할 수 있습 니다.
3. 삶의 중요한 목적과 연관된 기회를 더욱 빨리 인식하 게 해줍니다. 또 그 기회를 꼭 붙들고 행동에 뛰어들 용기와 영감을 주지요.
4. 자신이 어디로 가는지 정확히 알고 있으며 반드시 목 적지에 도달하겠다는 단호한 의지가 있는 사람은 늘 자신과 기꺼이 협력하려는 조력자들을 찾아냅니다. 또 고결하고 정직한 성품을 바탕으로 사람들의 호의 적인 관심을 유도하지요.
5. '믿음'이라는 마음의 상태를 최대한 활용할 수 있도록 길을 열어줍니다. 믿음은 우리의 마음을 긍정적으로 바꿔서 한계에 대한 공포, 의심, 좌절, 우유부단, 꾸물

거림에서 벗어나게 합니다. 모든 혜택 중에서도 이것
이 가장 위대한 혜택입니다.

6. 성공의 심리를 독려하고, 실패의 심리가 우리에게 부
   정적인 영향을 미치는 일을 막아줍니다.

명확한 목표를 설정해서 높은 사회적 위치로 발돋움한
사람들의 사례를 말씀드리겠습니다. 월터 크라이슬러는 일
개 수리공으로 사회생활을 시작해서 결국 엄청나게 큰 자
동차 회사의 대표가 됐습니다. 토머스 에디슨도 그런 사람
중 한 명이었습니다. 평범했던 그는 발명이라는 일을 평생
의 직업으로 선택해서 성공을 이뤘지요. 헨리 포드는 미국
에서 처음으로 상용 자동차를 만드는 데 성공한 인물입니
다. 제 후원자인 앤드루 카네기도 있습니다. 또 프랭크 울
워스는 5센트와 10센트짜리 물건들을 전문적으로 파는 매
장들을 세워 거부가 됐습니다. 미국 조선 사업의 아버지 헨
리 카이저와 토머스 에디슨의 동업자였던 에드윈 반스도
그런 사람들입니다. 이들은 모두 명확한 목표를 세워 행동
한 덕에 성공에 도달했습니다. 가고 싶은 곳을 정확히 파악
하고, 그곳에 도달할 계획을 세운 뒤 목표를 이룰 때까지 그
계획을 실천하며 살아간 거죠.

진행자　힐 박사님, 이 세상 사람 누구에게나 이 원칙이 필요한가요? 제 말은 영업직원과 기업의 임원들에게 이 원칙이 필요한 것처럼 가정주부, 대학생, 고등학생, 자영업자에게도 필요하냐는 겁니다.

나폴레온 힐　어떤 일을 하는 사람이든 간에 명확한 목표 없이 성공하기는 불가능합니다. 우리는 자신이 어떤 목표를 향하고 있는지, 그 목표를 지향하는 이유가 무엇인지 정확히 알아야 합니다. 그리고 목표한 곳에 반드시 도달하겠다는 확고한 의지를 품어야 합니다. 이는 어느 분야에 종사하는 사람에게든 똑같이 적용되는 원칙입니다. 여기서 예외가 되는 사람은 없습니다. 명확한 목표를 세우지 않고 성공한 사람, 다시 말해 평범한 수준 이상의 업적을 성취한 사람이 있다는 말은 들어본 적이 없습니다. 물론 명확한 목표 없이도 길거리에 가판대를 차려놓고 무언가를 팔 수는 있을 겁니다. 하지만 좀 더 높은 곳을 바라보고 가판대를 운영하는 것 이상의 뭔가를 이루겠다고 마음먹지 않는 한 그 이상의 발전은 불가능합니다.

　이제부터 명확한 목표를 품고 살아갈 때 알아두어야 할 몇 가지를 말씀드리겠습니다. 요점을 한 가지씩 천천히 이

야기하려 합니다. 성공의 길로 향하는 자아 성취의 근간을
완벽하게 이해하는 데 도움이 될 겁니다.

- 모든 자아 성취는 삶의 목표를 명확하게 설정하고 그
  목표를 이루기 위해 명확한 계획을 세우는 일부터 시
  작됩니다.
- 아이디어는 가치가 고정되지 않은 유일한 자산입니다.
- 가장 위대한 동기는 사랑입니다.
- 인간이 완전한 통제력을 발휘할 수 있는 유일한 대상
  은 스스로 품은 생각과 마음입니다.
- 믿음을 바탕으로 한 모든 욕구와 계획, 목표는 결국
  잠재의식에 주입되어 즉각적인 행동으로 이어집니다.
- 명확한 삶의 목표를 지닌 사람들은 다음 여섯 가지 중
  요한 특성을 개발합니다.

1) 자립성
2) 자기 주도성
3) 상상력
4) 열정
5) 자기 절제

6) 집중적인 노력

또 앤드루 카네기는 삶의 목표를 글로 옮기면 그 목표의 본질을 더 구체적으로 파악할 수 있다고 말했습니다. 더 나아가 그 글을 읽는 행위를 통해 삶의 목표를 마음에 단단히 붙들어 맬 수 있고, 이를 잠재의식의 손에 넘겨주어서 습관적이고 자발적인 행동을 유도할 수 있다는 겁니다.

우리에게 자발적 행동을 불러일으키는 아홉 가지 동기도 알고 있으면 도움이 됩니다.

1. 사랑의 감정
2. 성性적 감정
3. 물질 획득의 욕구
4. 자기 보존의 욕구
5. 심신의 자유를 얻고자 하는 욕구
6. 자아 표현의 욕구, 남에게 인정받고 싶은 욕구
7. 사후의 삶을 향한 욕구
8. 복수의 욕구
9. 공포의 감정

그리하여 진정한 부와 성공은 눈에 보이지 않는 노력의 힘으로 쌓아 올려집니다. 그 힘은 원대한 비전, 폭넓은 삶의 지평, 커다란 야망, 확고한 자기 주도성 같은 가치를 스스로 추구합니다.

성공한 사람이 반드시 지니고 있는 아홉 가지는 다음과 같습니다.

1. 명확한 목표
2. 실천하는 믿음
3. 열정
4. 상상력
5. 동기
6. 적극적인 행동과 자기 주도성
7. '기대 이상 해내기'를 실천하는 습관
8. 다른 사람들과 마스터 마인드 연합 구축하기
9. 긍정적 정신 자세

이쯤에서 잠시 의식적 마음conscious mind과 잠재의식적 마음subconscious mind의 차이에 대해 생각해 보도록 하죠. 의식적 마음은 추론과 사고가 일어나는 곳이자, 신중한 생각과 사물에 대한 분별이 발생하는 곳이기도 합니다. 의식적 마음은 기존에 받아들인 정보와 데이터를 분석하는 역할을 맡습니다. 이 마음의 주된 기능 중 하나는 잠재의식으로 향하는 통로를 관리하는 겁니다.

잠재의식적 마음은 아직 개간되지 않은 자연 그대로의 마음입니다. 사람이 태어날 때부터 누구에게나 주어진 기본 장비와도 같지요. 잠재의식적 마음은 생각하거나, 추론하거나, 고민하지 않으며, 원초적 감정에 따라 본능적으로 반응합니다. 의식적 마음이 건축가라면, 잠재의식적 마음은 건축 프로젝트에 들어갈 심리적 자재를 공급하는 창고라고 할 수 있습니다. 의식적 마음은 계획을 세워 어떤 일을 할지 결정하고 잠재의식적 마음은 그 계획을 실천에 옮길 힘을 개발합니다.

단순한 바람과 강렬한 열망의 차이가 무엇인지 생각해 보세요. 단순한 바람이란 원하는 것을 이루기 위해 어떤 대가를 치러야 하는지를 전혀 고려하지 않은 막연한 희망에 불과합니다. 반면 강렬한 열망은 확고하고 강력한 동기가 바탕이 된 지속적인 욕구와 염원을 의미하지요. 그런 열망을 품은 사람은 어떤 대가를 치러서라도 자신이 원하는 것을 얻어내는 데 전념할 수 있습니다.

명확한 삶의 목표를 정의하는 일이 왜 그토록 중요한지를 깨닫는다면 랄프 왈도 에머슨(미국의 사상가 겸 시인—옮긴이)이 남긴 말을 더 잘 이해할 수 있을 겁니다.

　"목표를 향한 위대한 아이디어 하나가 세상의 모든 사람, 동물, 기계가 100년 동안 해낸 일을 합친 것보다 더 큰 영향력을 발휘한다."

　제가 명확한 목표에 관해 중요한 깨달음을 얻도록 해준 경험을 들려드리겠습니다. 저는 앤드루 카네기를 만나기 훨씬 전에 이 원칙을 배울 기회가 있었어요. 제가 열 살 때였죠. 어머니가 돌아가셨고 아버지는 2년 뒤 새어머니와 재혼했습니다. 새어머니가 집에 오시기 전부터, 친척들은 어머니의 자리를 빼앗기 위해 우리 집으로 오는 여자를 미워해야 한다고 저와 제 동생을 부추겼습니다. 우리는 그들의 말대로 새어머니를 미워할 준비를 단단히 하고 있었지요.

　그리고 마침내 아버지가 새어머니를 집에 데려온 날, 친척들은 우리 집에 모여 두 분을 둘러싸고 서 있었습니다. 아버지는 새어머니에게 한 사람씩 소개한 다음 저를 소개할 차례가 되자 이렇게 말했습니다.

　"마사, 여기 이 구석에 있는 아이가 당신의 아들 나폴레온이오. 와이즈 카운티에서 가장 심술궂은 아이지. 이 아이가 내일 아침 당신을 향해 돌을 던진다 해도 놀랄 일이 아닐 거요."

저는 팔짱을 낀 채 이렇게 대꾸했습니다.

"아버지 말이 맞아요."

제 머릿속은 새어머니에게 본때를 보여줘야겠다는 생각으로 가득했습니다. 진심으로 그렇게 생각했죠. 바로 그때, 새어머니는 제게 다가오더니 손으로 제 턱을 살짝 들어 올리고 저의 눈을 한참 바라봤습니다. 그러고는 아버지를 향해 돌아선 채 말했어요. 그녀의 입에서는 큰 울림을 주는 놀라운 말이 흘러나왔습니다.

"당신은 이 아이를 잘 모르고 있네요. 정말로 잘 몰라요. 나폴레온은 와이즈 카운티에서 가장 심술궂은 아이가 아니라 가장 영리한 아이일 거예요. 단지 그 영리한 머리로 무엇을 해야 할지 잘 모를 뿐이죠."

저는 그 말을 듣자마자 새어머니와 잘 지내게 될 거라고 직감했습니다. 누군가에게 그렇게 친절한 말을 들은 건 생전 처음이었거든요. 저는 말썽꾸러기 아이였습니다. 리볼버 권총도 갖고 있었죠. 그 권총 때문인지는 몰라도 이 산골 지역에 사는 사람들은 별 이유도 없이 저를 겁냈고요.

그때부터 새어머니는 저를 바로잡기 시작했습니다. 저를 설득해서 리볼버 권총을 타자기로 바꾸게 하고 타자 치는 법을 가르쳐 주셨어요. 그 덕분에 저는 놀라운 일을 해낼 수 있었습니다. 26종의 신문에서 제가 사는 산골 지역에 해당하는 뉴스를 추려내어 소식지를 만든 겁니다. 여러분이 믿으실지 모르겠지만, 이 지역에 관한 별다른 기사가 없는 날에는 제가 직접 뉴스를 꾸며내기도 했습니다.

새어머니가 우리 집에 온 지 한 달쯤 된 어느 날 아침, 아버지의 틀니가 바닥에 떨어지는 바람에 부서지고 말았습니다. 저는 그때까지 틀니가 뭔지 들어본 적도 없었어요. 아버지는 망가진 틀니를 찬찬히 들여다봤습니다. 만물 수리공이었던 아버지는 대장간과 우체국을 겸한 구멍가게를 운영했고, 작은 농장도 갖고 있었습니다. 가족들은 제가 말썽을 부리면 농장에서 일하게 했어요. 그 일이 어찌나 힘들었는지 모릅니다. 아버지는 두 조각으로 부러진 틀니를 이리저리 맞춰보며 한참 들여다보더니 이렇게 말했습니다.

"마사, 이 틀니를 새로 만들 수 있을 것 같소."

새어머니는 아버지에게 다가가 자신의 팔을 아버지 목에 두르고 대답했어요.

"그럼요, 당신이 만들 수 있을 거라고 예상했어요."

저는 속으로 생각했습니다.

'말도 안 돼. 아버지가 틀니를 만든다고?'

아버지가 소와 말의 편자를 만든다는 사실은 알고 있었지만 틀니를 만드는 모습은 보지 못했었으니까요.

그로부터 3주 정도 지난 어느 날, 학교에서 돌아와 마당에 들어서자 한 번도 맡아보지 못한 냄새가 났습니다. 집 안으로 들어가니 이상하게 생긴 작은 주전자가 불 위에 올려진 모습이 보였어요. 저는 새어머니에게 물었습니다.

"이게 뭔가요?"

"가황기(생고무의 탄성을 높일 목적으로 가열 과정을 거쳐 유황을 첨가하는 기계—옮긴이)야. 아버지가 치과 용품 판매소에서 재료들을 사 오셨어. 그걸로 내 틀니를 만들어주셨지. 지금 열을 가해서 단단하게 굳히는 중이야."

저는 다시 생각했습니다.

'역시 대단한 여자군.'

틀니는 열과 압력을 충분히 가해야 제대로 만들어지므로 아버지는 불 위에 올려둔, 틀니가 될 석고 뭉치가 담긴 작은 주전자를 개울가에 가지고 가서 식힌 다음 그 안에서 커다란 석고 뭉치를 꺼내 겉면의 석고를 떼어냈습니다. 그리고 사포로 다듬어 틀니를 완성했어요. 저는 그렇게 만들어진 물건이 새어머니의 입에 들어가지는 않으리라 생각했습니다. 너무 커 보였거든요. 하지만 그 틀니는 새어머니 입에 거의 완벽하게 들어맞았습니다. 그녀는 그 틀니를 거의 3년 동안이나 사용했어요.

그로부터 약간의 시간이 흐른 어느 날, 학교에서 돌아와 보니 우리 집 문 앞에 새로 칠한 간판 하나가 눈에 띄었습니다. 간판에는 '치과의사 J. M, 힐'이 적혀 있었어요. 맙소사, 새어머니가 아버지를 하루아침에 치과의사로 만들어 버린 겁니다. 아버지는 학교에 다닌 적도, 자격시험을 치르거나 면허를 딴 적도 없었습니다. 그러나 굴하지 않고 본인의 대장간에서 이를 뽑는 기구를 직접 만들기 시작했어요. 새어머니와 함께 비즈니스를 시작한 겁니다. 아버지는 말 안장에 달린 주머니에 기구들을 채워 넣고 켄터키, 버지니아, 테네시 등지를 돌아다니며 치과 일을 배웠습니다. 그로부터 얼마 후에는 그 일을 직접 하면서 돈을 벌어들이기 시작했습니다. 한 달에 50달러에서 60달러를 벌었으니 당시로 따지면 정말 큰돈이었죠.

그렇게 서너 해가 흘렀습니다. 하루는 이 지역을 담당하는 치안 판사가 겨드랑이에 법률책을 끼고 찾아왔습니다.

"힐 선생, 버지니아 법률 540조에 따르면 어떤 사람이든 치과의사로 일하기 위해서는 면허를 따야 합니다. 면허도 없이 계속 환자를 받는다면 감옥에 갈 수도 있어요."

아버지는 새어머니와 머리를 맞대고 상의한 끝에 군청 소재지에 가서 변호사를 만나보기로 했습니다. 그날 오후, 저는 아버지가 말을 타고 계곡을 내려와 집으로 돌아오는 모습을 지켜보게 됐습니다. 아버지가 시무룩한 표정을 지은 채 말 등짝을 철썩 때리는 모습을 보고, 아버지 역시 1,000명 중에 999명이 하는 행동을 똑같이 따라 하고 있다는 사실을 알았죠. 문제가 닥쳤을 때 할 수 있는 일이 아무것도 없다고 생각하면서 문제를 그냥 받아들이는 것 말입니다. 변호사로부터 치과의사로 일하려면 반드시 자격시험을 치러야 한다는 말을 들은 아버지는 말에서 내려 새어머니를 향해 말했습니다.

"마사, 다 끝났소. 변호사는 내가 시험을 쳐야 한다고 말했소. 내가 그럴 만큼 교육을 받지 못했다는 건 당신도 잘 알지 않소."

만일 새어머니가 보통 사람이었다면 이렇게 나쁜 일이 생겨 유감이지만 이제 다른 일을 알아보자고 말하며 그 상황에서 벗어나려 했을 겁니다. 하지만 그런 행동은 그녀가 살아가는 방식과는 맞지 않았습니다. 만일 새어머니가 그런 식으로 삶을 살았다면, 저는 지금 이 자리에 서서 여러분께 이야기를 들려주지 못했을 것이고 전 세계의 수많은 사람과도 대화를 나누지 못했을 겁니다. 지금과 같은 모습의 나폴레온 힐은 존재하지 않았을 테니까요. 새어머니는 이렇게 말했습니다.

"이봐요, 내가 당신을 치과의사로 만든 이유는 이렇게 낙담한 모습을 보기 위해서가 아니에요. 당신이 다른 사람들처럼 대학교에 가서 시험 치는 법을 배워야 한다면, 그렇게 하면 되잖아요."

저는 이 말에 또다시 놀랄 수밖에 없었죠.

'아버지가 대학교에 다닌다고? 학교를 끝까지 마치는 건 고사하고 캠퍼스에 발을 디딜 수나 있을까?'

여러분은 제 새어머니가 한 행동이 무슨 의미인지 알겠나요? 저는 지금 명확한 목표에 따라 움직이는 사람은 명확한 목표의 반대편에 무엇이 있는지 아예 알지도 못한다는 말씀을 드리는 겁니다. 새어머니는 아버지를 루이빌치과대학교Louisville Dental College에 입학시켰습니다. 전 남편의 사망 보험금으로 받은 돈을 전부 쏟아부어 아버지를 4년간 뒷바라지했어요. 덕분에 아버지는 뛰어난 치과의사가 됐습니다. 당시 그는 버지니아 전체에서 가장 유명한 치과의사였을지도 모릅니다. 이것이 새어머니가 삶을 살아내는 방식이었습니다. 다시 말해 '명확한 목표'라는 원칙을 이해하는 사람이 그 원칙을 활용해서 인생을 살아가는 방식이었죠.

여러분이 이 원칙을 마음속 깊이 간직한 채 원하는 것을 정확히 파악하고 이를 끝까지 지켜낸다면, 앞으로 이야기할 나머지 16가지 원칙은 잊어버려도 됩니다. 명확한 목표를 품는 일이 그만큼 중요하다는 말을 하는 겁니다.

2장

✳

완벽한 조화를 이룬 관계가
성취를 극대화한다

: 마스터 마인드 :

"인류는 세상의 거의 모든 것을 밝혀냈지만
한 가지 해결하지 못한 것이 있습니다.
남들과 조화를 이뤄 더불어 사는 법을
아직 배우지 못한 겁니다."

나폴레온 힐　여러분 안녕하세요. 좋은 아침입니다. 여러분도 아시다시피 '마스터 마인드' 원칙은 성공철학 입문자가 가장 이해하기 어려운 개념입니다. 많은 사람이 마스터 마인드와 '협업cooperation'을 혼동하는데요. 협업이란 두 명 또는 그 이상의 사람이 뭔가를 위해 공동의 노력을 기울이는 것을 말합니다. 반면 마스터 마인드는 두 명 또는 그 이상의 사람이 완벽한 조화를 바탕으로 단일한 목표를 향해 공동의 노력을 쏟는 일을 의미합니다. 여기서 강조되어야 하는 것은 '완벽한 조화'입니다. 조화가 없다면 마스터 마인드도 없으니까요.

진행자　　　박사님께서 마스터 마인드라는 성공 원칙을 설명할 때는 앤드루 카네기와의 일화를 빠뜨리지 않는다는 사실을 알고 있습니다.

나폴레온 힐　　맞습니다. 처음 앤드루 카네기를 인터뷰하러 갔을 때로 거슬러 올라가 보죠. 당시 제가 그에게 던진 첫 번째 질문은 성공을 거둔 비결을 짧은 문장으로 간략하게 설명해달라는 것이었고, 그 뒤로 대화가 시작되었습니다.

"자네의 질문에 대답하기 전에 먼저 '성공'이라는 말을 정의해 보세. 그게 무슨 뜻인가?"

"성공이란 당연히 당신이 쌓아 올린 재산을 의미합니다."

"그렇군. 나도 그런 뜻이라고 생각했네. 그것이 자네가 알고자 하는 전부라면, 내가 그렇게 큰 재산을 모은 비결을 아주 짧은 시간 안에 말해줄 수 있네. 내 주위를 마스터 마인드 연합으로 채운 덕분이지."

저는 '카네기에게 마스터 마인드(원래의 뜻은 특정한 과업이나 프로젝트에서 핵심적인 역할을 담당하는 전략가나 리더를 말함—옮긴이) 역할을 해준 사람이 있었나 보다' 하고 생각했습니다. 그러나 이어진 그의 말이 제 생각이 틀렸음을 알려주었어요.

"내 마스터 마인드 연합은 한 명이 아니라 20명 정도로 이루어져 있네. 그들의 경험, 배경, 영향력 등이 완벽한 조화를 이뤄 명확한 목표를 지향한 덕분에 내가 부를 쌓아 올리게 된 것이라네."

그는 자신의 마스터 마인드 연합을 구성하는 이들이 누구인지 알려주었습니다. 수석 화학자, 법률 고문, 공장 관리자 같은 사람들이었어요. 카네기는 한 사람씩 소개하면서 그들이 자신을 위해 어떤 역할을 했는지도 이야기하고는 이렇게 말했습니다.

"이 사람들의 능력이 한데 합쳐져서 자네가 정의하는 내 성공이 가능해졌다고 보면 되네."

"그렇다면 카네기 씨는 어떤 일을 하신 건가요?"

"그중에서도 가장 어려운 일을 했지. 이들이 완벽한 조화의 정신 아래에서 늘 바쁘게 일하게 하는 거야."

그곳에서 대화를 나누는 동안 저는 그가 자신의 마스터 마인드 연합에 속한 한 사람과 겪었던 일에 대해서도 들을 수 있었습니다.

예전에 카네기는 세계에서 가장 우수한 화학자를 채용하려고 한 적이 있었어요. 그래서 세계 각지로 스카우트를 파견해서 전 세계를 통틀어 가장 능력이 출중하다고 알려진 화학자 한 사람을 찾아냈습니다. 그 사람은 독일 회사 크루프 건^{Krupp Gun}에서 일하고 있었어요. 카네기는 5년 계약에 고액 연봉을 지급하는 조건으로 그를 데려왔습니다. 하지만 고작 6개월 만에 5년 치 연봉을 한꺼번에 지급하고 그를 돌려보내야 했습니다. 카네기의 마스터 마인드 연합 일원으로 받아들이기에는 그가 도저히 용납하지 못할 한 가지 특성이 있었기 때문입니다. 바로 남들을 불쾌하게 만드는 성격이었어요. 그 사람에게서는 부정적인 마음가짐이 그야말로 '뿜어져' 나왔습니다. 카네기의 마스터 마인드 연합이 회의하는 자리에 그 화학자가 나타나면, 다른 구성원들은 그가 입을 열기도 전에 그의 얼굴을 벽돌로 후려치고 싶은 충동을 느낄 정도였죠. 여러분도 그런 사람을 만나본 경험이 있을 겁니다. 누가 입을 벌리고 말을 시작하기도 전에, 옆으로 다가와 부정적 에너지를 내뿜으려고 해서 얼굴에 주먹을 날리고 싶어지는 그런 사람 말입니다.

"마스터 마인드 연합을 만들다 보면 때로 구성원을 고르는 데 실수를 하게 되지."

"그럴 때는 어떻게 하시나요?"

"그 사람을 개선하든가 아니면 내보내든가 둘 중 한 가지 방법을 선택해야 하네. 나는 먼저 사람을 뜯어고치기 위해 노력하지. 그게 잘 안되면 내보내는 거야."

"그 방법은 당신의 마스터 마인드 연합에 속한 모든 구성원에게 적용되나요?"

"모든 구성원에게 적용되지. 내 마스터 마인드 연합에 속한 사람이 목표에 공감하지 않고, 다른 구성원과 '조화'를 이루지 않고, 개인적 믿음이나 이해관계를 전체의 이익보다 중요시하는 건 어떤 경우에도 용납할 수 없네."

사람들은 나사렛 예수의 능력이 열두 제자로 이루어진 마스터 마인드 연합에서 나왔다고 말하곤 합니다. 열두 제자 중 한 명인 유다 이스가리옷이 타락의 길로 접어들면서 그룹의 리더인 예수의 삶이 비극적인 종말로 이어졌다는 것은 누구에게나 잘 알려진 이야기입니다.

저는 지난 세월 동안 이 주제를 연구하면서 인간관계와 비즈니스 현장에서 그런 비극이 벌어지는 장면을 수없이 목격했습니다. 조직의 상층부에서 일하는 한두 명의 핵심 리더가 대단치도 않은 문제를 두고 옥신각신 싸우다가 훌륭한 회사를 몰락으로 이끄는 모습도 봤습니다. 가정에서도 그런 일이 자주 벌어지죠. 남편과 아내가 사소한 문제로 서로에게 핀잔을 주며 싸움을 시작합니다. 그로 인해 갈수록 사이가 나빠지면서 서로를 향해 습관적으로 화살을 날리는 거죠. 그다음 단계에 이르러 두 사람은 이혼 법정에서 있게 됩니다.

　마스터 마인드 연합은 성공철학 전체를 놓고 봐도 가장 강력한 원칙 중 하나라고 할 수 있습니다. 최고 경영진이 '조화'를 이루지 못하는 회사는 절대 오래 살아남지 못합니다. 일선 직원들 사이에서 불화가 일어나는 건 그래도 조금 나은 편입니다. 하지만 최상층부를 이루는 사람들의 조화가 부족하면 아무리 조직의 목표가 원대하고 구성원들의 능력이 출중하며 경영진의 의도가 훌륭하다 한들 성공하지 못합니다. 여러분이 조화의 정신 아래에서 협력하지 못하고, 서로의 차이를 (큰 차이든 작은 차이든) 해소하지 못해서 스스로 발목을 잡는다면, 분명히 몰락의 길로 접어들 겁니다. 그건 제가 지금 여기에 있다는 사실만큼이나 확실하게 장담할 수 있습니다. 다른 대안은 없습니다.

　온 나라가 대공황의 수렁에 빠져 있던 1933년, 제가 프랭클린 루스벨트 전 미국 대통령을 어떻게 도왔는지에 대해 많은 분이 관심을 가지고 있을 겁니다. 저는 루스벨트가 미국 해군성 차관보로 일하던 시절 그를 처음 만났고 나중에 그가 뉴욕 주지사가 됐을 때도 그를 도와 다양한 업무를 수행했죠. 그가 대통령에 당선된 그해에 미국은 그간 한 번도 경험해 보지 못한 혼란과 좌절에 빠져 있었습니다. 저는 그 상황을 개선하는 일을 맡은 그룹의 구성원으로서 은밀하게 임무를 수행했습니다. 결성된 그룹은 이 나라뿐 아니라 전 세계 어디에서도 유래를 찾아볼 수 없을 만큼 훌륭하고 강력한, 또 영향력이 지대한 마스터 마인드 조직이기도 했습니다. 이 조직 덕분에 경기 침체라는 비관적 주제로 쓰인 기사가 가득했던 신문이 경기 회복이라는 메시지로 꽉 차게 되었지요. 다시 말해 나라 전체를 부정의 거리에서 탈출시켜 긍정의 거리를 향해 달려가게 한 겁니다.

우리는 과거에 있었던 온갖 부정적인 일에 관한 이야기 대신 앞날을 향한 긍정적인 사회적 담론을 만들기 시작했습니다. 그건 미국에서 어떤 수준의 삶을 살아가는 사람이든 기꺼이 따를 만한 훌륭한 규칙이었습니다. '부정적인 일에만 신경을 쓰는 대신 할 수 있는 긍정적인 일을 찾아내어 이에 관해 대화를 나누고 행동으로 옮긴다'라는 규칙이었죠.

이제 루스벨트 전 미국 대통령의 마스터 마인드 연합을 구축하기 위해 한 일을 자세히 이야기하겠습니다. 먼저 상하 양원 두 의회의 구성원들 사이에 연대를 쌓는 작업을 시작했어요. 그로부터 30일이 지나기 전에 의회에서 공화당원, 민주당원, 사회당원 같은 구분은 사라졌습니다. 대통령을 도와 나라를 혼란의 상태에서 건져내는 데 헌신하는 사람들만이 있을 뿐이었지요. 정당의 정책 노선도 자유롭게 넘어 다녔습니다. 정확히 말하자면 정책 노선 같은 것은 없었습니다. 정치가들이 그렇게 행동한 적은 그전에도, 그 뒤로도 없었을 겁니다. 오늘날 그런 조화로운 상황이 다시 벌어진다면 얼마나 좋을까요.

그다음으로 상대해야 할 사람들은 주요 신문사의 발행인들이었습니다. 그들 역시 노선을 초월해서 우리를 도왔습니다. 정치적 성향이 어떻든 하나같이 대통령을 지지했고 미국의 장점을 독자들에게 홍보하기 시작했습니다. 그들은 이 작업을 매우 훌륭하게 해냈어요. 제가 정부의 소식과 공고문을 어떤 식으로 작성해서 전달하든 간에 그 글을 신문에 싣지 않으려는 사람은 없었습니다. 정말로 놀랍고 대단한 일이었지요.

또 라디오 방송국을 운영하는 사람들도 중요했습니다. 당시만 해도 라디오는 매우 강력한 영향력을 발휘하는 매체였어요. 텔레비전이 널리 보급되지 않은 때였으니까요. 그래서 라디오 방송국 운영자들을 설득해서, 미국의 단점보다 장점을 부각하는 방향으로 작성한 기사를 방송하게 했습니다.

그다음으로 접촉한 대상은 모든 종파의 교회였습니다.

가톨릭, 개신교, 유대교를 포함한 모든 교회의 지도자가 설교단에 서서 미국이 옳은 길을 향해 가고 있음을 신도들에게 설파하는 모습은 참으로 아름다웠습니다. 그들 역시 그 임무를 완벽하게 수행했습니다. 오늘날에도 모든 교회가 그때처럼 다시 뭉쳐서 이 나라의 장점을 신도들에게 널리 전파하고, 악마 따위는 알아서 살아가라며 무시해 버리면 얼마나 멋질까요.

주요 정당을 이끄는 리더들에게도 손을 내밀었습니다. 아는 분은 아시겠지만 워싱턴의 정가에서는 양대 의회의 핵심 정치인 몇몇이 정계 전체를 좌지우지하는 경우가 많습니다. 저는 그 역할을 하는 리더가 누군지 파악해서, 그들이 조화의 정신 아래에서 서로 협력할 수 있도록 백악관의 오찬에 수차례 초대했습니다. 그 후 그들 역시 자신의 역할을 능수능란하게 수행했죠.

마스터 마인드 연합의 마지막 일원으로 시민들이 있었습니다. 앞서 잠깐 이야기했듯이 저는 과거를 돌이켜 보며 미국의 부정적인 측면 대신, 아직 수없이 남아 있는 긍정적인 모습을 이야기하고 생각하도록 그들을 설득했습니다. 그 결과가 어땠는지는 굳이 여러분에게 설명할 필요가 없을 겁니다.

프랭클린 루스벨트 전 미국 대통령의 주변 사람들, 또 수많은 시민은 대통령이 이 나라에 닥친 위기를 극복하기 위해 하늘이 내려준 사람이라고 생각했습니다. 큰 위기가 닥쳤을 때 평범한 사람들 틈에서 갑자기 위대한 인물이 나타나 그 위기를 극복해 내곤 하지요. 독립혁명 기간에는 조지 워싱턴이라는 영웅이 등장했고, 남북전쟁 시기에는 에이브러햄 링컨이 있었습니다.

마스터 마인드 연합 이야기가 나온 김에 한마디 덧붙이자면, 제가 앤드루 카네기의 위임을 받아 시작한 연구야말로 최고의 마스터 마인드 연합으로 이뤄낸 프로젝트였다고 할 수 있습니다. 인류 역사상 어느 시대, 어떤 분야의 사람도 그런 혜택과 특권을 누리지 못했을 겁니다. 저는 이 나라에서 가장 뛰어난 두뇌를 가진 이들과 친밀한 관계를 맺고 함께 일할 기회를 얻었으며, 그들은 숱한 시행착오를 거치면서 배우고 익힌 성공의 규칙과 원칙을 제게 나누어 주었습니다.

만일 다른 위대한 인물들의 도움이 없었다고 해도, 토머스 에디슨에게서 배운 것 하나만으로도 훌륭한 성공철학을 개발할 수 있었을 겁니다. 저는 에디슨과 11년 동안 매우 긴밀하게 일했습니다. 처음 앤드루 카네기의 소개장을 들고 그를 만나러 갔을 때, 그가 백열전구를 발명하기 위해 1만 번을 실험해서 1만 번 실패한 뒤 마침내 효과가 있는 소재를 찾아냈다는 소식을 먼저 들어서 알고 있었습니다. 그래서 그를 만났을 때 그게 사실인지부터 물었죠.

"내가 실험에 실패할 때마다 그 내용을 기록해 둔 연구 일지를 보겠소?"

그는 실험실 뒤편으로 저를 데려갔습니다. 그곳에는 연구 일지 두 무더기가 산더미처럼 쌓여 있었습니다. 일지 한 권당 250쪽 정도는 되는 듯했습니다. 모든 페이지에는 그가 시도해서 효과를 보지 못했던 실험의 내용이 빼곡하게 적혀 있었어요.

보통 사람이라면 몇 번 정도 실패했을 때 "이제 이 일은 더 못하겠어" 또는 "다른 일을 해야 할 것 같아"라고 말할까요? 한번 생각해 보세요. 여러분은 실패를 몇 번이나 반복하면 포기를 선언할 건가요? 가령 여러분이 바깥으로 나가 이 성공철학을 세상에 전할 때, 이 철학을 탐탁지 않게 여기는 누군가의 저항에 부딪힌다면 어떻게 할 건가요? 즉시 물건을 챙겨 들고 그곳을 떠날 건가요? 여러분이 보통 사람이라면 바로 그렇게 행동할 겁니다.

"에디슨 씨, 만일 당신이 백열전구에 대한 해답을 아직 찾아내지 못했다면 지금쯤 무엇을 하고 계실까요?"

"무엇을 하고 있겠느냐고? 당신과 이야기하며 시간을 낭비하는 대신 실험실에서 일하고 있었을 거요."

저는 그의 말이 진심임을 알고 있었습니다. 그가 반짝거리는 눈으로 저를 바라보며 이렇게 말하더군요.

"나는 당연히 성공할 수밖에 없었소. 더 실패할 거리가 없었거든."

진행자 정말 놀라운 말이네요. 무언가 포기하고 싶을 때 떠올려야 하는 말이에요.

나폴레온 힐 에디슨은 평균 수준 이상으로 성공하기를 원하는 모든 사람이 반드시 따라야 하는 한 가지 원칙을 우리에게 알려주었습니다. 실패할 거리가 다 떨어질 때까지 끝까지 시도해야 한다는 거예요. 그러나 대다수가 그러기는커녕 애초에 시작하려고 들지도 않습니다. 시작하기도 전에 미리 포기해 버리고 "나는 그 일을 하는 게 불가능해. 나폴레온 힐이 부나 성공을 떠들어대도 상관없어. 그 사람은 이미 그걸 손에 넣었으니까. 하지만 나는 부와 성공을 얻지 못했어"라고 말하는 거죠. 그게 마음이 편하니까요.

여러분도 에디슨의 철학을 받아들여 더 이상 실패할 여지가 없을 때까지 계속 노력한다면, 이 원칙의 참된 가치를 발견할 수 있을 겁니다. 그건 앤드루 카네기가 제게 부여한 사명을 끝까지 추진하게 해준 힘이기도 합니다.

카네기는 진정한 부로 향하는 자아 성취의 과학을 체계화할 만한 사람을 여러 해 동안 찾고 있었습니다. 그 일을 맡을 사람에게는 여러 가지 자격 조건이 필요했어요. 그중에서도 가장 중요한 것이 지금부터 이야기하려는 한 가지 자질입니다. 카네기는 자기가 일을 맡긴 사람에게 이 자질이 부족하면 절대 성공하지 못하리라는 사실을 알고 있었습니다. 어떤 사람이 평균 수준 이상으로 성공하기 위해 반드시 갖춰야 하는 한 가지 자질. 그것은 과연 무엇일까요?

여러분은 어떻게 생각하세요? 정직함? 글쎄요. 저는 어린 시절 와이즈 카운티에 살 때 다 쓰러져 가는 집에서 근근이 생계를 이어가는 가난한 사람들을 수없이 봤습니다. 그 사람들은 하나같이 정직했어요. 어쩌면 그들이 그런 집에서 살았던 이유가 정직했기 때문이었을 수도 있습니다. 정직함 이외에는 다른 능력이 없었던 거죠. 그것과 더불어 활용할 만한 다른 장점이 없다면, 정직한 탓에 굶어 죽을지도 모릅니다.

카네기가 찾고 있던 사람은 아무리 큰 어려움이 닥쳐도 멈추지 않고 한 푼의 보조금도 없이 20년 동안 끈질기게 연구 활동을 지속할 인물이었습니다. 다시 말해 '단념quit'하지 않을 사람이 필요했던 거죠. 제가 가장 싫어하는 두 단어는 '불가능impossible'과 '단념'입니다. 저 역시 지난 세월 동안 이 두 단어가 수시로 떠오르는 상황, 즉 어떤 일을 단념하고 싶은 충동이 들거나 그 일이 불가능하다고 여기는 순간이 여러 번 찾아왔습니다. 그중 하나가 1928년 제 첫 번째 책을 펴내줄 출판사를 찾아 나설 때였습니다.

"제 첫 번째 책을 출간할 기회를 드림으로써 앤드루 카네기 씨가 제게 처음 부여한 영광과 혜택을 귀하에게 두 번째로 부여하고자 합니다."

여러분이 예상한 것과 같이 출판업자에게 이렇게 말했을 때 저는 극심한 저항에 부딪혔습니다. 만일 이 자리에 계신 여러분이 앤드루 카네기에게 이 원대한 사명을 위임받아 자신감과 믿음을 바탕으로 그 작업을 수행한다면, 제가 앤드루 카네기와 처음 일을 시작했을 때보다는 목표를 달성할 여건이나 기회가 훨씬 열려 있으리라 생각합니다. 그러나 저는 여러 분야의 훌륭한 작가들이 낡은 신발을 신고 본인의 책을 출판할 기회를 이리저리 찾아다니다 결국 1루도 밟지 못하고 주저앉은 모습을 여러 번 목격한 상태였습니다. 삶을 통틀어 제 책을 펴낼 출판사를 찾아야겠다고 생각한 건 그때가 처음이자 마지막이었습니다. 첫 번째 책을 출판한 뒤에는 집 앞에 출판업자들이 줄을 섰으니까요. 하지만 첫 번째 출판사는 설득하기가 꽤 힘들었습니다.

어떤 사람이 제 책《생각하라 그리고 부자가 되어라》한 부를 인도의 마하트마 간디에게 보냈습니다. 간디는 곰곰이 생각한 끝에 이 책을 인도 전역에 보급하면 좋겠다고 결론을 내렸죠. 인도의 카스트 제도를 무너뜨리는 데 도움이 될 거라고 생각했기 때문입니다. 하지만 간디는 책을 보급하기에 앞서 미국에 비밀 특사를 파견해 3개월 동안 24시간 내내 저를 감시했습니다. 비밀 특사는 제가 가짜나 사기꾼, 유령 작가는 아닌지 알아내기 위해 핀커튼 탐정 사무소를 고용했고, 이 사무소의 탐정들은 제가 침대에서 일어날 때부터 잠자리에 들 때까지 저도 모르는 상태에서 저를 온종일 감시했어요.

그 시기의 어느 날 저녁에 있었던 일이 기억납니다. 저는 뉴욕의 유명한 스토크 클럽Stork club에서 젊은 여성 고객과 이야기하고 있었어요. 저를 미행하던 탐정은 제가 앉은 테이블과 가까운 곳에 자리를 잡지 못하게 되어 급히 독순술 전문가를 데려왔습니다. 독순술 전문가는 저와 여성 고객이 앉아 있던 곳에서 세 테이블쯤 떨어진 곳에 앉아 입술 모양을 읽어가며 제가 고객과 나누는 대화를 한 단어, 한 단어 받아 적었습니다. 제가 그날 잘못된 말을 하지 않아 참 다행이라고 생각합니다. 탐정 중 한 명은 나중에 제 학생이 됐거든요. 그는 사이가 가까워진 뒤에 이렇게 말했어요.

"저 혼자만 간직하기에는 너무 아까운 기록이네요."

그는 저를 감시하며 남긴 당시 기록을 가져와서 보여주었습니다. 굉장히 두꺼운 보고서였어요. 그건 제가 평생을 살면서 목격한 가장 놀라운 보고서였습니다. 그 정도로 자세한 보고서는 그 뒤로도 본 적이 없어요. 그 자료를 끝까지 읽어봤지만 제가 실수한 말이나 행동은 단 하나도 적혀 있지 않았습니다.

마하트마 간디는 그 보고서를 받아 든 뒤에 제 책들을 인도에서 출판하라고 지시했습니다. 《생각하라 그리고 부자가 되어라》부터 시작해서 제가 펴낸 모든 책이 차례로 출판되었지요. 이 책들은 브라질의 어느 출판업자 손에 넘어갔고 포르투갈어로 번역되어 브라질처럼 포르투갈어를 주로 사용하는 모든 국가로 광범위하게 보급됐습니다. 그 뒤에 그 책들은 또다시 캐나다로 건너갔고, 다시 호주로 전해졌고, 스페인을 거쳐 지금은 일본에도 전해졌습니다. 장담하건대 기적적이고 경이로운 힘이 이 성공철학을 뒷받침하지 않았다면 이 같은 일은 절대 일어나지 않았을 겁니다. 어떤 보이지 않는 힘이 저를 계속 살아 있게 해주었고, 제가 이 위대한 철학을 계속 다듬고 체계화해서 많은 사람에게 전해주는 과정을 도왔다고 확신합니다.

제게는 이 철학을 삶에 적용하게 해주는 훌륭한 시스템이 있습니다. 여러분도 그 시스템이 무엇인지 궁금하리라 믿습니다. 그 시스템의 전부 또는 일부를 여러분의 삶에 도입할 수도 있을 겁니다. 저는 여든 살이지만 정신적·신체적으로 매우 건강합니다. 지금과 같은 건강을 유지하고 있는 것은 우연이 아닙니다. 물질적 측면에서도 이 세상을 살아가는 데 필요한 것을 모두 넉넉하게 소유한 건 우연히 벌어진 일이 아닙니다. 이제 뭔가가 더 필요할 때 하는 일은 그저 손을 뻗어 그것을 가져오는 것뿐입니다. 그렇게 할 수 있을 만한 돈을 벌었기 때문입니다. 제가 지금과 같은 위치에 오른 것은 나폴레온 힐이라는 사람을 상대하는 시스템을 구축했기 때문입니다. 분명히 말씀드리지만, 그 사람은 지금껏 제가 살면서 만난 사람 중에 가장 다루기 힘든 악당이었습니다. 저는 나폴레온 힐을 아예 처음부터 다시 만들어야 했습니다. 여러분도 자신의 모습을 솔직하게 돌이켜 보면 저와 비슷할 겁니다. 여러분이 해결해야 할 가장 어렵고 중요한 문제는 자신을 스스로 통제하는 것, 그리고 그 상태를 계속 유지하는 겁니다.

제 시스템을 자세히 말씀드리기에 앞서 제가 꾸린 마스터 마인드 연합에서 가장 흥미로운 한 사람을 소개할까 합니다. 그 주인공은 메릴랜드주 체비 체이스에서 활동했던 엘머 게이츠Elmer R. Gates 박사입니다. 위대한 발명가이자 과학자지요. 게이츠 박사가 우주의 보이지 않는 힘을 활용하는 시스템을 갖고 있다는 소문을 들은 앤드루 카네기는 제게 소개장을 써주고 그를 찾아가게 했어요. 곧 그를 찾아간 저는 게이츠의 비서에게 소개장을 내밀었습니다.

"죄송하지만 게이츠 박사님은 앞으로 3시간 정도 만나실 수 없습니다. 자리에 앉아 아이디어를 구상하시는 중이거든요."

"뭘 하시는 중이라고요?"

"자리에 앉아 아이디어를 구상하고 계십니다."

"어디에 앉아 계시는데요?"

주위를 둘러봤지만 게이츠 박사는 보이지 않았습니다.

"그게 말이죠, 그 질문에 대답할 분은 게이츠 박사님밖에 없습니다. 박사님은 아이디어를 구상하고 싶을 때면 늘 비밀의 방으로 들어가 시간을 보내십니다. 3시간쯤 뒤에 다시 오시든가 아니면 여기서 기다리시든가 하세요."

"여기서 기다리죠. 게이츠 박사님을 만나 뵙기 전에는 이곳을 나가고 싶지 않습니다."

그로부터 2시간 반 정도 지나자 게이츠 박사가 방에서 나왔습니다. 저는 그의 비서가 들려준 말을 박사에게 이야기하며 사실인지 물었어요.

"내가 앉아서 아이디어를 구상하는 곳을 보고 싶소?"

"물론이죠."

박사는 사방이 4미터가량 되는 작은 방으로 저를 데려갔습니다. 벽에는 외부 소리를 차단하는 방음 장치가 장착되어 있었고, 방 안에 있는 물건이라고는 벽에 붙은 책상 하나, 책상 위에 놓인 전기 스위치, 그리고 메모장 한 권과 연필 몇 자루가 전부였습니다. 게이츠 박사는 뭔가 해결해야 할 문제가 생기거나 아직 정체가 밝혀지지 않은 미지의 존재를 파악하고 싶을 때는 이 방으로 들어와 불을 끄고 온갖 소리를 차단한 채 자신이 발견하고자 하는 대상에 정신을 집중한다고 말했습니다. 때로는 몇 분 만에 답을 얻어낼 때도 있고, 몇 시간 만에 얻어낼 때도 있고, 전혀 답을 얻지 못한 적도 있다고 했어요. 그는 본인의 잠재의식을 지식의 원천에 접속시켜서 문제의 답을 얻어내는 법을 알고 있었습니다. 그 방법 덕분에 250가지 이상의 물건을 발명해서 미국 특허청에 등록시킬 수 있었죠.

진행자　　박사님이 게이츠 박사의 실험에 호기심을 느낀 이유는 그가 발명가로서 위대한 업적을 이룬 인물이었기 때문이겠죠?

나폴레온 힐　　맞아요. 발명가로서 성공한 인물이었기 때문에 그의 성공 원칙이 궁금했던 겁니다. 그렇지 않았다면 그를 잘 모르는 이들이 평가하는 것과 같이 그냥 머리를 길게 기른 괴짜로 치부하고 말았을지도 모르죠. 하지만 그는 위대한 성취를 이룬 인물이었고, 저는 저보다 더 많은 것을 이뤄낸 사람에게 언제든 배울 준비가 되어 있었습니다. 곧장 그의 시스템을 연구하기 시작했고 얼마 뒤에 저만의 시스템을 만들어냈어요. 지금부터 그 이야기를 들려드리겠습니다.

　먼저 눈에 보이지 않는 몇몇 가상의 독립체를 창조해서

그들에게 '무형의 안내자'라는 이름을 붙였습니다. 이 안내자들은 제가 삶에서 목표로 하는 일을 밤낮으로 돕는 책임을 맡고 있어요. 그중 첫 번째는 '신체 건강을 안정적으로 유지하게 해주는 안내자'입니다. 그의 책무는 제 몸을 언제까지나 건강한 상태로 지켜주는 겁니다. 밤이 찾아와 침대에 몸을 누이고 잠에 빠지면, 그는 자기 일을 시작합니다. 그 덕분에 저는 다음 날 아침 침대에서 눈을 뜨는 순간, 마치 100만 달러를 손에 넣은 듯이 상쾌한 기분을 느낍니다. 때에 따라서 200만 달러나 300만 달러를 가진 기분을 느낄 때도 있습니다. 그 안내자가 자기 일을 얼마나 잘 해내는지는 구구절절 설명할 필요도 없을 듯합니다. 여러분이 제 모습을 보시면 그가 어떻게 일하고 있는지 판단할 수 있을 테니까요. 저는 지금까지 살아오면서 크게 아파본 적이 단 한 번밖에 없습니다. 신체를 늘 건강하게 유지해 주는 시스템이 있기 때문이지요. 만일 의사들이 저 같은 사람에게 의지해서 생계를 해결해야 한다면, 그들은 아마 직업을 바꿔야 할 겁니다. 정말 그럴 수밖에 없을 거예요.

두 번째는 '경제적 풍요로움으로 인도하는 안내자'입니다. 그는 물질적인 대상을 더 필요로 하지 않는 사회적 위치, 사지 못할 물건이 없는 위치로 저를 끌어올려 주었습니다.

저는 빚이 한 푼도 없어요. 집과 자동차를 구매하기 위해 담보 대출을 받은 적도 없죠. 자동차를 포함해 어떤 물건도 할부로 사지 않았습니다. 또 여러 금융 기관에 다 기억하지도 못할 만큼 많은 펀드 계좌를 보유하고 있습니다. 비록 카네기만큼 부자는 아닐지라도 노후를 안전하게 보낼 재산도 충분합니다. 나이가 들었을 때 빈곤에 빠져 친척들에게 도움을 받지 않아도 된다는 사실은 저를 행복하게 해줍니다. 이렇듯 두 번째 안내자도 자기 일을 잘 해내고 있습니다.

세 번째는 '마음에 평화를 안겨주는 안내자'입니다. 그의 책임은 세상의 모든 두려움과 걱정거리로부터 마음을 자유롭게 해주는 겁니다. 저는 두려움이 없습니다. 이 시스템을 도입하기 전에는 수없이 두려움을 느꼈지만 더는 그런 느낌을 가지지 않습니다. 모든 걱정이 사라져 버렸어요.

다음 안내자는 쌍둥이입니다. '희망으로 인도하는 안내자'와 '믿음으로 인도하는 안내자'죠. 그들은 제 삶의 목표와 목적이 앞으로 꼭 이루어질 거라는 밝은 희망을 선사합니다. 그 희망을 뒷받침하는 것은 제게 그럴 능력이 있다는 굳은 믿음입니다. 저는 이 성공철학을 지구상에 존재하는 모든 나라에 전파하겠다는 희망을 안고 있습니다. 비교적 풍요로운 국가뿐 아니라, 이런 철학이 부족한 탓에 많은 사람이 빈곤한 생활에 시달리는 국가에도 널리 전할 수 있기를 바라고 있습니다.

다음 안내자는 저를 '사랑으로 이끄는 안내자'입니다. 여기서 말하는 사랑이란 가장 넓고, 보편적이며 성스러운 감정을 의미합니다. 저는 길을 걷다 마주치는 모든 대상에서 사랑을 발견합니다. 그 경험이 즐겁든 즐겁지 않든 상관하지 않습니다. 삶에 도움을 줄 만한 작은 씨앗을 찾아내고 이를 활용하지요. 마음속에 사랑이 있다는 건 얼마나 멋진 일인지 모릅니다. 때로 저는 너무 극단적인 형태로 세상의 모든 사물을 향해 사랑의 감정을 드러낸다고 핀잔받기도 하지만, 저는 그게 극단적이라고 생각하지 않습니다.

10년 전, 자동차에 아내를 태우고 캘리포니아의 산악 지방을 운전하다 길 위에서 커다란 방울뱀 한 마리를 발견했습니다. 그 뱀은 똬리를 튼 채 우리를 향해 금방이라도 덤벼들 기세였습니다. 저와 거의 동시에 그 뱀을 발견한 아내는 소리쳤습니다. "밟아요. 밟고 지나가요!" 하지만 저는 그 뱀을 밟지 않고 주위를 돌아 나갔습니다.

"여보, 내가 뱀을 밟지 않은 이유는 그 동물이 자신의 땅 위에서 자기 할 일을 하고 있었기 때문이오. 당신과 내가 하는 일처럼 말이에요. 우리와 아무런 관계없는 뭔가를 함부로 죽여서는 안 돼요."

방울뱀이든 다른 무엇이든 간에 저를 괴롭히지 않는 상대에게는 이런 마음가짐으로 대합니다. 저도 그들을 괴롭히지 말아야 한다고 생각하는 겁니다. 사람뿐 아니라 지구상에 존재하는 모든 살아 있는 것에 대해 그런 식으로 생각하고 있습니다.

1922년 하버드대학교에 강의를 나갔을 때 만난, 괴짜처럼 보인 한 교수는 그 점에서 저보다 한술 더 뜨는 분이었습니다. 어느 날 저녁 저와 그 교수는 캠퍼스를 산책하다가 물웅덩이가 있는 곳을 지나치게 됐습니다. 모기가 득실대는 곳이었죠. 그때 모기 한 마리가 그의 팔 위에 앉아 피부를 뚫어대기 시작했습니다. 저는 당연히 손으로 모기를 탁 때리려고 했죠.

"죽이지 마세요. 모기도 살아야지요."

"그 모기가 저에게 옮겨오지 않게 하세요, 교수님. 안 그럼 손으로 내려칠 테니까요."

다음 안내자는 최근 상상의 가족으로 받아들인 존재입니다. 그는 '인내의 세계로 안내하는 역할'을 맡고 있죠. 지난 10년 동안 수많은 인내가 필요한 경험을 거치면서 그 안내자를 얻게 됐습니다. 말하자면 인내라는 이름의 축복에 의지해서 10년을 버텨낼 수 있었던 겁니다. 인내는 우리에게 시간을 다루는 능력을 선사합니다. 오늘 씨앗을 심고 내일 땅을 파헤치며 싹이 났는지 확인하려 해서는 안 됩니다. 올바른 시기, 올바른 땅에 씨앗을 심었고 그 씨앗이 건강하다는 사실을 알고 있다면 당분간은 잊어버리는 편이 좋습니다. 나머지 일은 자연의 섭리가 알아서 해줄 테니까요. 땅에 밀알을 심고 씨앗이 자라나기에 적절한 환경만 조성해준다면, 자연은 씨앗 하나에 500개에서 600개의 알곡을 맺히게 함으로써 그 노력에 보답할 겁니다. 땅속뿐 아니라 세상의 다른 모든 곳에서도 똑같은 원리가 작용합니다.

다음 일곱 번째 안내자는… 참, 여덟 번째인가요? 여러분이 제 말을 잘 따라오고 있는지 확인하려던 것뿐입니다. 강의를 잘 듣고 있군요! 여덟 번째 안내자는 '지혜로 인도하는 역할'을 맡고 있습니다. 그의 책임은 삶에서 경험하는 모든 일에서 교훈을 발견하고 그로부터 이득을 얻도록 돕는 겁니다. 그 일이 좋은 것이든 나쁜 것이든 상관없습니다. 제가 경험하는 모든 것은 나폴레온 힐이라는 이름의 제분소에 투입되는 곡식과도 같습니다. 저는 그 경험을 유익하게 활용합니다. 만일 그것이 불쾌한 경험이라면, 앞으로 똑같은 일이 벌어지지 않도록 해서 저 자신을 보호하려고 노력합니다. 모든 사람에게는 그런 보호 장치가 필요하지요. 좋지 않은 일이 반복되지 않게끔 스스로 지켜내는 그런 보호 장치 말입니다. 재미있는 중국 속담 하나가 기억납니다.

"어떤 사람이 나를 한 번 해친다면, 그건 그 사람 잘못이다. 어떤 사람이 나를 두 번 해친다면, 그건 내 잘못이다."

마지막 안내자는 꽤 재미있는 친구입니다. 이름은 놈 힐 Norm Hill이라고 하죠. 아내의 이름과 제 성을 합쳐서 만든 이름입니다. 그는 저를 위해 여기저기 돌아다닙니다. 그의 역할은 다른 여덟 안내자에게 할당되지 않은 특별한 일을 해내는 겁니다. 가령 제가 자동차를 운전해서 시내로 들어간다고 해봅시다. 요즘에는 어느 도시에서나 주차 자리를 찾기가 하늘의 별 따기입니다. 하지만 저는 한 번도 주차로 어려움을 겪은 적이 없습니다. 놈 힐을 미리 보내서 제가 그곳에 도착했을 때 주차할 자리를 미리 맡아놓게 하기 때문입니다.

몇 년 전, 이웃에 사는 사람과 대화를 나누다가 놈 힐이라는 안내자에 관해 이야기한 적이 있습니다.

"꽤 흥미로운 얘기네요."

"금요일 오후에 은행에 갈 일이 생겼을 때(은행은 금요일 오후 1시면 문을 닫습니다), 마감 시간이 몇 분밖에 남지 않았고 은행에서 너덧 블록 떨어진 주차장에 자리를 찾을 시간도 없다면, 놈 힐을 미리 보내서 은행 바로 앞에 주차할 수 있게끔 자리를 맡아놓게 하죠."

"그러고 보니 저도 은행에 갈 일이 있네요. 놈 힐이 어떻게 일하는지 보여줄래요?"

"차에 타요. 시간이 얼마 남지 않았어요."

저는 빠르게 차를 몰았습니다. 우리가 은행에 도착했을 때는 당연히 주차 자리가 하나도 없었습니다. 도로 양쪽의 주차 공간에 자동차들이 빼곡하게 들어서 있었어요. 저는 은행 입구에서 조금 떨어진 곳에 차를 세웠습니다.

"놈 힐은 걸어서 오나 보네요. 당신이 조금 빨리 운전한 것 아닐까요?"

"놈 힐에 대해서는 걱정하지 말아요. 딱 맞는 시간에 도착할 테니까."

잠시 뒤 어떤 남자가 은행에서 나오더니 입구 바로 앞에 세워둔 차에 올라타고 떠났습니다. 그리고 또 한 사람이 나와서 그 뒤에 주차된 차를 타고 가버렸죠. 이제 우리 앞에는 주차할 곳이 두 자리나 생겼습니다.

"봤죠? 하나는 놈 힐에 대한 내 믿음을 보상하기 위해 만든 자리고, 또 하나는 놈 힐을 나무라기 전에 한 번쯤 생각해야 한다는 사실을 당신에게 알려주기 위해 만든 자리예요."

6년 전쯤 플로리다주 마이애미에서 윌리엄 클레멘트 스톤이 운영하는 회사의 관리자들을 상대로 강연할 기회가 있었습니다. 그곳에서도 오늘 여러분에게 이야기한 것처럼 저의 보이지 않는 안내자들에 관해 이야기해 주었죠. 그러다 놈 힐 이야기가 나오자 관리자들은 배를 움켜쥐고 웃기 시작했습니다. 아주 우스운 얘기라고 생각한 거죠. 하지만 그로부터 6개월이 지났을 때, 그곳에 참석했던 모든 사람은 저를 따라 하기 시작했어요. 그 관리자들은 한술 더 떠 주차 자리를 맡아두는 것 같은 사소한 일뿐 아니라 자신의 영업직원들을 고객들에게 보낼 때도 놈 힐이라는 친구를 활용했습니다.

오늘날 그 회사의 영업직원들은 모두 즉흥적으로 영업 활동을 합니다. 자기가 만날 잠재고객에게 놈 힐을 미리 보내서 본인이 도착하기 전에 먼저 판매 활동을 시작하게 만들어요. 일상에서 만나는 모든 사람을 잠재고객으로 여긴다는 뜻이죠. 정말 놀라운 일 아닌가요?

그들은 그런 방법을 사용하기 전까지 한 주에 약 175~200달러를 벌었습니다. 하지만 이 방법을 사용하고 1년이 지나자 한 주에 약 250~500달러를 버는 정도로 수입이 늘었다고 해요. 놈 힐이 그들의 '마음가짐'을 송두리째 바꿔놓은 덕이죠. 그들이 잠재고객을 만나 뭔가를 판매할 때, 그들의 귀에는 상대방이 "싫어요"라고 말하는 소리가 들리지 않습니다. 그저 유쾌하고 끈질기게 고객들을 설득하는 겁니다. 이렇듯 마지막 안내자는 안 될 거라는 부정적 생각을 멀리하고 되게 할 방법을 찾게 해줍니다.

사람들 대다수는 그 고객의 입에서 이떤 말이 나올지 알고 있습니다. 다시 말해 그가 "싫다"라고 말할 거라고 생각하는 거죠. 상대방의 마음가짐과 태도를 직감적으로 포착해서 이에 따라 반응하는 겁니다. 어렸을 때 어느 은행에서 창구 직원으로 일한 적이 있습니다. 어떤 사람이 은행 문을 열고 들어와 제가 일하는 창구로 향하는 모습만 봐도, 그가 이곳에서 모종의 목표를 달성하기를 기대하는지 그렇지 않은지를 분명히 알 수 있었습니다. 제 앞에 수상쩍은 수표를 내밀기도 전에, 그가 걸음을 옮기고 주위를 힐끔거리면서 제가 있는 창구로 다가와 불필요한 말을 건네는 모습만으로도 '목표를 달성하기 어렵겠다고 생각하고 있구나' 하고 알 수 있었죠. 여러분이 지금 제가 이야기한 심리적 지원군을 잘 이해한다면, 앞으로 밖에 나가 사람들을 상대할 때 놀라운 능력을 발휘할 수 있을 겁니다.

인류는 세상의 거의 모든 것을 밝혀냈지만 한 가지 해결하지 못한 것이 있습니다. 남들과 조화를 이뤄 더불어 사는 법을 아직 제대로 배우지 못한 겁니다. 이 마스터 마인드라는 성공철학이 여러분과 여러분의 지인들, 그리고 온 세상을 위해 해줄 수 있는 가장 위대한 일은 이 철학을 삶에 적용해 모두가 더불어 사는 법을 깨치는 겁니다. 그렇게 함으로써 우리는 더 기쁘게 살아가고, 더 발전하며, 더 건강해지고, 더 살기 좋은 나라를 만들 수 있습니다.

3장

*

자기 암시라는
심리적 도구를 활용하라

∶ 실천하는 믿음 ∶

"여러분의 잠재의식은
1달러와 100만 달러의 차이를 구분하지 못하고,
성공과 실패의 차이를 알지 못합니다.
따라서 잠재의식을 잘 길들여서
삶에서 원하는 대상을 갈망하게 하고
원치 않는 것을 외면하게 해야 합니다."

나폴레온 힐　　지금부터 이야기할 '실천하는 믿음'은 참으로 경이로운 주제입니다. 세상에서 이 원칙을 가장 잘 알고 있는 사람이 있다면, 아마도 바로 저일 겁니다. 지난 세월 동안 수많은 굴곡을 겪으며 이 원칙을 실험할 기회를 얻었기 때문입니다. 사실 제 강의 전체가 다음의 선언을 바탕으로 하고 있습니다.

"마음속으로 생각하고 믿는 것은 무엇이든 그대로 이루어낼 수 있다."

믿음이 어떤 힘을 발휘할 수 있는지 가장 잘 보여주는 사례가 제 둘째 아들 블레어의 출생과 관련된 이야기라고 생각합니다. 블레어는 귀가 없이 태어난 아이였어요. 막 태어난 아이의 몸에서는 귀의 흔적을 전혀 발견할 수 없었습니다. 블레어의 출산을 도운 두 명의 의사는 병원의 복도로 저를 데리고 가서 그 사실을 미리 알려주었습니다. 잠시 뒤 아이를 처음 보게 될 때 받을 충격을 조금이나마 덜어주려는 의도였던 거죠. 그들은 아이가 어떤 상태로 태어났는지 설명했습니다. 그리고 블레어와 비슷한 상태로 태어난 몇몇 신생아의 사례가 있다고 알려주었어요. 하지만 그 아이들 중에 나중에 듣고 말할 수 있게 된 아이는 없다고 말했습니다. 제가 청각 장애인 아들과 함께 한평생을 살아갈 준비를 해야 한다는 뜻이었죠. 그들이 제게 해줄 수 있는 말은 그게 전부였습니다. 그러나 저는 다르게 생각했어요.

"의사 선생님, 저는 아직 제 아들을 만나보지 못했지만 이 말만은 분명히 하고 싶습니다. 블레어는 청각 장애인으로 살아가지 않을 것이고, 다른 평범한 아이들처럼 100퍼센트의 청력을 갖게 될 겁니다."

둘 중에 입을 다물고 있던 의사가 제 어깨에 손을 올리고는 말하더군요.

"힐 씨, 세상을 살다 보면 누구나 도저히 어찌할 수 없는 일 앞에 놓이기 마련이에요. 이제 당신도 그런 상황이 닥쳤음을 인정해야 합니다."

"선생님, 이 세상에 제가 하지 못할 일이란 없어요."

저는 제가 말한 바를 곧바로 실천하기 시작했습니다. 아들의 얼굴을 처음 보기 전부터 그 아이가 청각 장애인이라는 사실을 절대로 받아들이지 않겠다고 다짐했어요. 블레어의 청력에 문제가 있을 거라는 것은 확실했지만 그 문제가 어떤 형태로 드러날지는 알 수 없었습니다. 그러나 아이가 청력을 100퍼센트 되찾을 때까지는 노력을 중단하지 않겠다고 마음먹은 거예요. 여러분도 삶을 살아가며 그런 마음가짐으로 모든 문제를 대한다면, 그것이 바로 '실천하는 믿음'을 활용하는 겁니다.

저는 블레어를 만나기 전부터 아이를 위해 기도했고, 만난 후에도 4년간 하루에 4시간 이상을 매일 같이 블레어에게 쏟아부었습니다. 어떻게든 소통하려고 노력하면서 그의 닫힌 마음을 열어주기 위해 노력했지요. 처음 18개월 동안에는 아무런 일도 생기지 않았습니다. 그렇지만 제 견고한 믿음은 무너지지 않았습니다. 저는 어떤 일이든 반드시 일어날 것이라는 사실을 알고 있었어요. 계속해서 정성을 기울였습니다.

그러다가 이상한 일이 벌어졌습니다. 어느 순간부터 블레어가 소리에 반응하기 시작한 거예요. 얼마나 많은 소리를 들을 수 있는지는 확실치 않았어도, 제가 손가락을 튕길 때 소리 난 쪽으로 고개를 돌리는 모습을 봐서는 블레어가 뭔가를 듣는다는 사실이 분명했습니다. 놀랍게도 블레어는 네 살이 되면서 청력의 65퍼센트 정도를 회복했습니다. 제 간절한 기도와 함께 아이의 잠재의식을 향해 끝없이 소통한 노력이 통했는지도 모릅니다. 둘 중 어느 것이 더 큰 효험을 발휘했는지는 확실치 않지만 그 두 가지가 합쳐져서 그런 결과가 나온 듯합니다.

보통 사람 청력의 65퍼센트라면 초등학교에 입학하기에 충분한 조건이었습니다. 이후 블레어는 고등학교를 거쳐 대학교까지 진학했습니다. 그 아이가 대학교 3학년에 재학 중일 때, 보청기를 제조하는 어쿠스티콘Acousticon이라는 회사가 블레어의 특별한 이야기를 전해 듣고 관심을 보였습니다. 전 세계에서 귀가 없이 태어나서 들을 수 있게 된 아이는 블레어가 처음이었으니까요. 그들은 직접 찾아와서 제 아들을 위해 특별한 청각 보조 장치를 만들어주었습니다. 그 덕에 블레어는 나머지 35퍼센트의 청력을 얻어낼 수 있었습니다. 그 옛날 제가 장담했던 대로 100퍼센트의 청력을 회복하게 된 겁니다.

이 이야기를 전해 들은 의사들이 세계 각지에서 몰려들

었습니다. 그들은 블레어의 몸에 소리를 지각하게 해주는 다른 신체 기관이 있는지 찾기 위해 갖은 애를 썼으나 아무것도 발견하지 못했고, 블레어의 두뇌를 엑스레이로 수차례 촬영한 끝에 그가 65퍼센트의 청력을 스스로 개발했다는 사실을 밝혀냈습니다.

최고의 귀 전문가로 손꼽히는 어빙 부히스Irving Voorhees 박사도 블레어를 검사했습니다. 저는 부히스 박사를 찾아가 소리를 들을 수 있게 된 이유가 무엇이냐고 직접 묻기도 했습니다.

"글쎄요. 그게 무엇이 됐든, 부모님이 블레어에게 해준 모든 일이 영향을 미쳤다는 사실만큼은 확실합니다. 그건 의심의 여지가 없는 사실이에요. 부모님이 그렇게 해주지 않았다면, 아이는 자신과 비슷한 상태로 세상에 태어난 다른 아이들처럼 전혀 소리를 듣지 못했을 겁니다."

진행자　　　오늘날 블레어는 100퍼센트의 청력을 지닌 한 사람으로 당당하게 살아가고 있습니다. 성공한 사업가가 되어 즐거운 삶을 누리고 있죠.

나폴레온 힐　　저는 처음부터 제 아들에게 그가 고통스러운 환경 속에서 태어난 게 아니며, 오히려 그것이 위대한 축복일 수도 있다는 점을 가르쳤습니다. 블레어의 모습을 본 사람들이 최선을 다해 아이를 친절하게 대하려고 노력했기 때문입니다.

그뿐만 아니라 블레어의 문제는 다른 여러 측면에서도 큰 축복이었습니다. 저는 이 일을 계기로 다른 곳에서는 절대 배울 수 없는 기도의 힘을 배웠죠. 수많은 사람이 그저 입으로만 기도를 올립니다. 그러나 저는 제 영혼을 온통 쏟아부어 아이를 위해 기도했습니다. 만일 신이라는 존재가 있다면, 어떤 대가를 치러서라도 간절한 마음을 전달해서 응답을 얻어내겠다는 의지로요. 그런 행위에 별다른 용기가 필요치 않다고 믿거나, 블레어의 변화가 믿음의 힘과는 별 관련이 없다고 생각하는 사람은 제가 겪은 것과 비슷한 일을 경험해 보지 않아서 그럴 거예요. 제 아들이 귀가 없이 태어난 것이 오히려 신의 놀라운 축복이었다고 생각합니다. 그 덕에 세상에 불가능한 일이란 없으며, 간절히 기도하고 염원한 일은 반드시 이루어진다는 사실을 깨달았기 때문입니다.

오래전 제가 라살르대학교 사회교육원LaSalle Extension

University의 홍보 담당자로 일할 때 만난 프랭크 곤살루스Frank W. Gunsaulus 목사 이야기를 들려드리겠습니다. 곤살루스 목사는 축산 산업이 발달한 시카고 변두리 지역에서 작은 교회를 운영하고 있었습니다. 그는 오래전부터 새로운 형태의 학교를 설립하겠다는 꿈을 꾸고 있었어요. 그가 생각한 학교는 학생들이 하루 중 절반은 교실에서 교과서로 공부하고, 나머지 절반은 연구실이나 공장에 가서 배운 것을 실습해 보는 일종의 기술 학교였죠.

곤살루스 목사가 학교를 짓는 데 필요한 예산을 세워본 결과, 일단 일을 시작하는 데만 100만 달러 정도의 자금이 있어야 한다는 계산이 나왔습니다. 하지만 그의 수중에 100만 달러라는 거금은 없었습니다. 그리 많지도 않은 신도들이 목사가 생활하기에 넉넉한 돈을 지급하지 못한다는 것은 불 보듯 뻔한 일이었습니다.

하지만 곤살루스 목사는 100만 달러짜리 아이디어를 생각해 냅니다. 과연 어떤 아이디어였을까요? 곤살루스 목사는 누구도 예상하지 못한 일을 벌였습니다. '자아 성취의 과학'이나 나폴레온 힐에 대해 들어보지 못한 그가 '명확한 목표'라는 원칙을 활용하기 시작한 겁니다. 그는 자리에서 일어나 이렇게 선언했습니다.

"나는 100만 달러의 자금을 조달할 것이다. 1주일 안에 그 목표를 달성할 것이고, 오직 나 혼자서 그 일을 해낼 것이다!"

그는 《시카고 트리뷴》에 광고를 실어 다음 주 일요일 자신의 교회에서 '내게 100만 달러가 있다면'이라는 제목으로 설교하겠다고 예고했습니다. 그리고 난 뒤 한 단어 한 단어 정성 들여 원고를 작성했고 설교 연습하기를 멈추지 않았습니다.

설교가 예정된 일요일 아침이 되어서는 교회로 출발하기 전에 집 마룻바닥에 무릎을 꿇고 앉아 1시간 동안 간절히 기도했습니다. '누군가 《시카고 트리뷴》에 실린 광고를 보고 설교를 들으러 교회로 와서 100만 달러를 기부하게 해달라'고 기도한 겁니다. 그리고 본인의 기도가 신에게 전달됐다고 확신한 순간 자리를 박차고 일어나 교회로 달려갔습니다.

집에서 3킬로미터 정도 떨어진 교회에 도착한 뒤에 설교단에 오르면서 주머니를 뒤져보니, 아뿔싸, 설교 원고가 보이지 않았습니다. 집 마룻바닥에 그냥 놓아두고 온 겁니다. 그는 마음속으로 이야기했죠.

'주님, 이제 모든 것은 당신과 제게 달렸습니다. 저는 정말로 할 수 있는 모든 일을 했습니다. 저를 도와주셔야 합니다. 제게 당신이 필요한 때가 있다면 지금이 바로 그 순간입니다.'

그로부터 몇 년이 지난 뒤에 그의 교회 신도 몇 명과 이야기를 나눌 기회가 있었습니다. 그들의 말에 따르면 그날 곤살루스 목사는 설교단에 올라 신도들이 그전에 듣지 못했고 그 뒤에도 듣지 못한 훌륭한 설교를 했다고 합니다. 청중을 향해 자신에게 100만 달러가 있으면 어떤 위대한 일을 할지, 그로 인해 사람들의 삶이 어떻게 바뀔지 힘주어 이야기했다고 해요.

그렇게 신도들 앞에서 자신의 계획을 밝히고 설교를 마치자, 맨 뒷줄에 앉아 있던 낯선 사람 한 명이 천천히 걸어 나가 곤살루스 목사의 손을 잡고 그의 귀에 뭔가를 속삭이고는 다시 자리로 돌아와 앉았습니다. 곤살루스 박사는 청중을 향해 소리쳤지요.

"사랑하는 친구들이여! 여러분은 지금 기적을 목격했습니다. 방금 앞으로 걸어 나와 저와 손을 맞잡은 신사분은 필립 아머Philip D. Armour(정육업으로 성공을 거둔 미국의 사업가—옮긴이) 씨입니다. 아머 씨는 내일 제가 그의 사무실을 찾아가면 100만 달러를 기부하겠다고 말했습니다!"

이것이 바로 곤살루스 목사가 일리노이대학교로 합병된 아머공과대학교Armour Institute of Technology를 세울 때 100만 달러의 자금을 조달한 사연입니다. 한 평범한 목사가 명확한 목표를 세운 덕분에 단 1주일 만에 100만 달러라는 거금을 마련한 겁니다. 그는 자신이 하는 일의 가치를 믿었고, 그 일을 이루기 위해 100만 달러를 모금하는 것이 옳은 일임을 알았어요. 그래서 그 돈을 조달하기 위해 구체적인 계획을 세우고 움직였습니다.

많은 이들의 문제가 기껏 계획을 세운 뒤에도 고민하고, 질질 끌고, 꿈만 꾸는 데 시간을 보내면서 정작 그 계획을 행동으로 옮기지 않는다는 겁니다. 그건 '실천하는 믿음'과는 거리가 멉니다. 믿음을 현실로 바꾸기 위해 과감히 모험에 나서지 않는 것은 실천하는 믿음이 아니라 그냥 좋은 일이 생길 거라고 막연히 기대하는 수동적 믿음일 뿐입니다. 행동으로 반드시 그 믿음을 뒷받침해야 합니다. 하지만 대다수가 그런 길을 택하지 않지요.

제가 아주 오래전에 겪었던 또 다른 경험담을 말씀드리겠습니다. 위스콘신주 밀워키에 강연을 나갔을 때 이야기입니다. 한창 강연을 진행하는데 젊은 사람 두 명이 한 노인을 간이침대에 태워 함께 강연장으로 들어오는 모습이 눈에 띄었습니다. 그들은 제가 강연 중이던 무대 바로 아래까지 노인을 모시고 와서 그분의 몸을 계속 떠받치고 있었습니다. 노인은 제가 강연을 다 마칠 때까지 눈을 깜박이거나 손을 움직이지 않았고 다른 어떤 행동도 하지 않았습니다. 그저 자리에 누워 있을 뿐이었어요. 저는 호기심이 들어 강연을 끝낸 뒤에 무대 아래로 내려가 그 젊은이들과 인사를 나누었습니다. 그들과 함께 온 노인은 위스콘신주 포트 앳킨슨에 거주하는 농부 마일로 존스^{Milo C. Jones}였고, 젊은이들은 그의 아들들이었습니다. 그날, 저는 그들에게 참으로 놀라운 이야기를 들었습니다.

존스는 160에이커 정도 되는 땅을 경작했지만 수완이 좋지 않아 가족과 함께 근근이 생계를 이어갔다고 합니다. 그러다가 안타깝게도 뇌졸중으로 쓰러져 온몸이 마비되는 불행이 찾아왔습니다. 전신의 근육이 쇠퇴해서 손발을 움직이지도 못했고, 가까스로 입을 떼서 몇 마디만 할 수 있었습니다. 그가 뭔가를 중얼거리면 가족들만 그 말을 겨우 알아들을 정도였죠. 가족들은 존스를 휠체어에 태워 집에 데려다 놓고, 농장에서 각자 맡은 일을 계속 해나갈 수밖에 없었습니다.

그렇게 3주가량의 시간이 흘렀습니다. 어느 날 존스의 머릿속에 위대한 깨달음이 찾아왔습니다. 아마 그 누구도 생각하지 못한 놀라운 발견이었을 겁니다. 그는 자신에게 여전히 마음이 남아 있고, 그 마음을 이용해서 원하는 것은 무엇이든 이뤄낼 수 있다는 사실을 깨달았어요. 비록 온몸을 꼼짝하지 못하는 상태였지만, 마음만은 마비되지 않고 온전히 살아 있던 겁니다. 그는 자신의 마음을 이용해서 홀로 일하기 시작했습니다. 며칠이 지나서 그는 가족들을 불러 이렇게 말했습니다.

"우리 땅 전체에 옥수수를 심도록 해라."

"아버지, 그럴 수는 없어요. 가축들을 위한 목초지는 남겨둬야죠."

"아니다. 모든 땅에 옥수수를 심고, 어린 돼지들에게 그 옥수수를 먹여라. 그리고 돼지들이 아직 어릴 때 도축해서 어린 돼지 소시지를 만들어라."

여러분, 존스는 그로부터 약 10년 후 세상을 떠나기 전까지 수백만 달러의 자산을 보유한 백만장자가 되었습니다. 땅을 경작하며 근근이 생계를 이어가다가, 똑같은 땅 위에서 그런 어마어마한 성공을 이뤄낸 겁니다(그렇게 탄생한 기업이 존스데어리팜이라는 회사임—옮긴이). 실천하는 믿음이 어떤 일을 이루어낼 수 있는지 알려주는 놀라운 이야기 아닌가요?

저도 5~6년 전쯤에 비즈니스 분야에서 흥미로운 일을 경험한 적이 있습니다. 앞서 이야기한 윌리엄 클레멘트 스톤과 관련된 일화입니다. 스톤이 보유한 부동산이 노스웨스턴대학교 캠퍼스 근처에 여기저기 흩어져 있다 보니, 그는 이 대학교의 교수 몇 명과 가까워지게 됐습니다. 그러던 어느 날 저녁, 가깝게 지내던 교수 중 한 명이 스톤의 집을 찾아왔습니다.

"노스웨스턴대학교에서 몇 년 동안 교수 생활을 했는데도 겨우 입에 풀칠만 하고 있습니다. 얼마 후에는 아이들도 태어날 텐데요. 그래서 수입을 늘리기 위해 뭔가를 해보기로 마음먹고 보험 일을 시작했습니다. 앞으로 보험을 팔아보려고 합니다. 당신이 보험 사업에서 얼마나 성공적인 경력을 쌓았는지 알고 드리는 말씀인데, 혹시 제가 당신의 이름을 사용해서 접촉해 볼 만한 잠재고객의 이름을 10명에서 15명 정도 알려주실 수 있나요?"

"그럼요. 기꺼이 알려드리겠습니다. 내일 오전에 제 사무실로 오시면 비서가 잠재고객들의 이름을 카드에 적어드릴 겁니다."

다음 날 그 교수가 스톤의 사무실을 방문했고 스톤은 카드를 건네줬습니다.

"스톤 씨, 제가 이 사람들에게 전화할 때 당신의 이름을 대도 괜찮을까요?"

"물론이죠. 그분들에게 제가 소개해서 연락했다고 말하세요."

그로부터 한 주가 지난 뒤, 그 교수가 스톤에게 헐레벌떡 뛰어오더니 이렇게 말했습니다.

"제게 알려주신 잠재고객 10명 중 여덟 명에게 보험을 팔았고, 나머지 두 명과도 만날 약속을 잡았어요. 카드를 10개만 더 만들어주실 수 있나요?"

"아주 좋지 않은 시간에 찾아오셨네요. 제가 지금 좀 바쁩니다. 하지만 전화번호부를 드리죠. 저쪽으로 나가서 베껴 쓰시면 됩니다. 지난번에 드린 잠재고객 카드도 그렇게 만든 거예요."

그 교수는 화들짝 놀라고 말았지요.

"아니요, 그럴 리가 없어요."

"사실입니다. 전화번호부의 알파벳 A부터 차례로 찾기 시작해서, 이름이 A로 시작하는 사람 중에서 한 명, B로 시작하는 사람 중에서 한 명, C로 시작하는 사람 중에서 한 명을 고르는 식으로 10개의 카드를 만든 거예요. 당신도 그렇게 하면 됩니다. 제가 한 것처럼 10명을 고르고 그들의 전화번호를 베껴 쓰세요."

교수는 큰 충격을 받았습니다. 본인이 만난 이들이 그렇게 무작위로 선정된 사람들이었다는 사실을 믿기 어려웠던 거죠. 스톤은 자신이 정말 그런 방법을 사용했다는 사실을 몇 번이나 다시 알려주어야 했습니다.

"이제 자리에 앉아 차분히 직접 10개의 카드를 만들어 보세요."

교수는 스톤의 말대로 10개의 잠재고객 카드를 만들고 한 주 내내 카드에 적힌 이들을 상대로 영업 활동을 했습니다. 하지만 보험은 한 개도 팔지 못했고, 그중 고작 두 사람과 만날 약속을 잡게 되었습니다.

왜 이런 일이 생겼을까요? 그가 더 많은 잠재고객들과 약속을 잡지 못하고 보험을 판매하지도 못한 것이 과연 고객들의 문제였을까요? 아닙니다. 그 사람들과는 아무런 관계가 없었습니다. 문제는 판매자의 마음가짐이었습니다. 교수가 그들에게 보험을 팔 수 있다는 사실을 스스로 믿지 않은 겁니다. 다시 말해 전화번호부에서 임의로 선정한 사람에게 보험을 판매할 수 있다는 사실을 믿지 않았던 거예요.

그렇게 믿지 않은 게 문제였습니다.

스톤이 처음 카드를 건네줬을 때는 그도 "스톤 씨가 소개해서 연락드렸습니다"라고 고객들에게 자신 있게 말할 수 있었죠. 그 말이 잠재고객들에게 큰 영향을 미치리라고 생각한 겁니다. 아마 이때도 고객들에게는 그 말이 별 소용없었을 겁니다. 그들에게 영향을 미친 것은 보험 상품을 판매하는 사람의 마음가짐과 그 마음가짐에서 비롯된 태도였습니다.

그동안 제가 3만 명이 넘는 영업직원들을 교육하며 전한 가장 중요한 메시지는 어떤 물건이든 자기 자신에게 팔지 못하는 사람은 다른 누구에게도 팔 수 없다는 겁니다(이 자리에 계신 여러분도 함께 새겼으면 합니다).

세상의 모든 리더, 세일즈맨, 변호사, 목사는 하나같이 남들에게 영향을 주는 일을 업으로 삼고 있는 사람들입니다. 그들 중 능력이 출중한 사람은 고객을 상대로 어떤 것을 팔든지 먼저 자기 자신에게 그것의 가치를 설득시키는 능력이 뛰어납니다. 구름 떼처럼 청중을 몰고 다니는 유명한 부흥 전도사 빌리 그레이엄^{Billy Graham} 목사의 마음을 사로잡는 능력이 다른 수천 명 목사의 능력을 합한 것보다 더 뛰어난 이유는, 그가 누구보다 긍정적인 마음가짐으로 자신 있게 본인의 일을 대하기 때문입니다. 그는 자신이 옳은 일을 하고 있다고 확신하지요. 의뢰인을 신뢰하지 못하는 변호사는 재판에서 패소할 확률이 높습니다. 마찬가지로 설교단에서 한 말을 스스로 믿지 않는 목회자는 영혼을 구원하지 못합니다. 가장 중요한 것은 믿음입니다. 우주를 통틀어 가장 신비스럽고 경이로우며 강력한 힘은 바로 믿음의 능력입니다.

세상에 존재하는 위대한 리더들에게서 발견한 또 한 가지 특징은 자신이 원하는 것은 무엇이든 이룰 수 있다고 스스로 최면을 거는 능력, 즉 자기 최면의 능력이 뛰어나다는 겁니다. 최면이라는 용어가 불편하게 느껴져도 어쩔 수 없어요. 그건 중요하지 않습니다. 우리는 알게 모르게 매일, 매 순간 자신에게 스스로 최면을 걸면서 살아갑니다. 모든 사람이 마찬가지입니다. 어떤 사람이 교육도 많이 받지 못했고, 남들 눈에 잘 띄지도 않고 지적 능력이 뛰어나지 않은데도 큰 성공을 거뒀다면, 이는 그가 원하는 것은 무엇이든 이룰 수 있다고 믿게끔 마음을 길들이는 법을 알고 있는 덕분입니다.

몇 년 전, 뉴욕 생명보험 회사의 한 관리자에게서 전화가 걸려왔습니다.

"힐 선생님, 몇 년 전까지만 해도 회사에서 가장 뛰어난 실적을 올리던 영업직원이 갑자기 의욕을 잃고 일을 그만둘 생각을 하고 있네요. 실적도 많이 떨어졌고요. 한번 오셔서 그 직원을 분석해 문제가 무엇인지 찾아주실 수 있을까요?"

"물론이죠. 그렇게 하겠습니다."

그 영업직원은 65세의 제임스 스프링James C. Spring이었어요. 저는 스프링과 잠시 이야기를 나누면서 최근 그에게 어떤 일이 생겼는지 들었습니다. 어느 날 그의 아내가 실수로 그를 노인네라고 불렀다는 거예요. 졸지에 보험을 팔기에는 너무 나이가 많은 노인이 되어버린 거죠. 저는 대화를 이어나갔습니다.

"스프링 씨, 나가서 영업을 직접 해보시죠. 연락할 만한 잠재고객들은 있나요?"

"많지는 않지만 몇 사람 정도는 있어요."

"좋습니다. 내일 오전부터 시작하죠. 그중에서 10명 정도를 골라 명단을 만들고 내일과 모레 사이에 그들에게 연락해 보세요. 저는 한마디도 하지 않고 당신을 따라다니며 얘기만 듣겠습니다. 평상시에 하던 대로 고객들과 대화를 나누며 영업하시면 됩니다. 그 뒤에 제가 느낀 점을 말씀드리죠."

저는 스프링이 첫 번째 잠재고객과 이야기를 시작하기도 전에 상대방이 자신의 제안을 거절할 것 같아 두려워하는 마음을 느낄 수 있었습니다. 마음속 공포감이 고스란히 겉으로 흘러나와 말씨와 행동거지에 영향을 미친 겁니다. 아니나 다를까 그 고객은 스프링의 제안을 단박에 거절했습니다. 그다음 잠재고객은 아예 그를 만나려고 하지도 않았죠. 그렇게 잠재고객들에게 차례로 연락을 취했지만 10명 중 두 사람과 만날 약속을 잡은 것 말고는 아무런 성과가 없었습니다.

저는 그럴 때 어떻게 해야 하는지 잘 알고 있었고 보험회사로 돌아온 뒤에 제게 도움을 청한 관리자에게 이렇게 말했습니다.

"스프링 씨에게 무슨 문제가 있는지 알겠네요. 그는 보험을 판매할 고객을 만나기도 전에 미리 '싫어요'라는 대답을 듣습니다. 얘기를 꺼내기도 전에 상대방이 '싫어요'라고 말할 거라고 미리 생각한다는 얘기예요. 그럴 때면 고객은 정말로 '싫어요'라고 말합니다. 스프링 씨의 마음가짐과 생각이 상대방에게 그대로 전달되기 때문이죠. 두 사람이 잠재고객과 영업직원으로 만나는 자리에서는 어김없이 그런 일이 벌어집니다."

그러고 나서 저는 스프링에게도 이렇게 이야기했습니다.

"스프링 씨, 밖에 나가서 전당포를 뒤져보면 구식 나팔형 보청기를 구하실 수 있을 겁니다. 제가 원하는 것은 여기저기 흠집이 나고 아주 오래 사용한 것처럼 보이는 보청기예요. 새 보청기는 필요 없습니다."

"그걸로 뭘 하려고 하시나요?"

"그건 제게 맡겨두세요. 밖에 나가 그 물건을 구하신 뒤에 앞으로 제가 하라는 대로 하시면 됩니다. 우리 두 사람은 지난주에 연락했던 잠재고객들을 대상으로 다시 영업할 겁니다. 이번에는 귀에 보청기를 착용하고 고객이 '싫어요'라고 말할 때 아무것도 듣지 못한 척하면서 계속 말을 이어나가시면 됩니다."

이후 어떤 일이 벌어졌을까요? 스프링 씨는 예전의 명성을 거뜬히 되찾았을 뿐 아니라 과거의 실적을 훌쩍 뛰어넘는 성과를 거두었습니다. 한때 은퇴를 생각하기까지 했던 그는 뉴욕 지부에서 가장 우수한 영업직원 자리를 6년간 놓치지 않게 되었어요. 자기 최면이라는 작은 심리적 도구 하나가 사람의 마음가짐을 공포감에서 실천하는 믿음으로 바꿔놓은 참으로 놀라운 사례 아닌가요?

여러분도 자기 자신을 위해 이런 심리적 도구를 활용하는 법을 배워야 합니다. 여러분의 잠재의식은 1달러와 100만 달러의 차이를 구분하지 못하고, 성공과 실패의 차이를 알지 못합니다. 따라서 잠재의식을 잘 길들여 삶에서 원하는 대상을 갈망하게 하고 원치 않는 것을 외면하게 해야 합니다. 그렇지 않으면 잠재의식은 성공을 위해 힘들게 일하는 것만큼이나 실패를 위해서도 열심히 일할 겁니다. 안타깝게도 사람들은 살아 있는 거의 모든 기간을 행여 원치 않는 일이 일어날까 걱정하고 우려하며 조바심 내면서 보냅니다. 그런 사람은 필연적으로 원치 않는 일을 겪을 수밖에 없습니다.

저는 다른 사람들의 약점이나 실수 탓에 예상하지 못한 작은 피해를 입게 될 때도 관대하게 넘어가는 편입니다. 항상 그렇게 하지는 못하지만 노력은 합니다. 또 어떤 사물이나 사람을 향해서 늘 긍정적인 마음가짐과 태도를 유지하려고 애씁니다.

여러분에게 자신 있게 말씀드릴 수 있는 것은 그런 노력 덕분에 지난번에 얘기한 대로 제가 현재 삶에서 필요로 하

고, 욕망하는 것은 모두 손에 넣을 수 있는 위치에 오르게
됐다는 겁니다. 제게는 더 이상 공포, 좌절, 실망이 남아 있
지 않습니다.

4장

기꺼이 더 해내는 태도로
우위를 점하라

:: 매력적인 성품과 기대 이상 해내기 ::

"여러분이 뿌린 '추가적인 노력'이라는 이름의 씨앗은
크게 자라나 다양한 모습으로 열매를 맺을 겁니다.
더 많이 줄수록 더 많이 받는 법입니다."

나폴레온 힐　진정한 성공은 결국 '매력적인 성품'을 지닌 사람이 쟁취하게 됩니다. 그런 사람의 중요한 특징을 말씀드리겠습니다.

첫째, 그들은 말과 행동으로 표현되는 '긍정적인 정신 자세Positive Mental Attitude'를 지니고 있습니다. 사람이 갖는 감정으로는 믿음, 소망, 사랑, 열정, 성적 욕구, 충성심, 쾌활함과 같은 긍정적 감정 그리고 공포감으로 대표되는 부정적 감정이 있습니다. 기본적으로 가지게 되는 일곱 가지 공포로 빈곤의 공포, 질병의 공포, 비판의 공포, 사랑을 잃는 공포, 자유 상실의 공포, 노년의 공포, 죽음의 공포를 들 수 있지요. 매력적인 성품을 지닌 사람은 늘 긍정적 감정을 가까이 듭니다.

둘째, 융통성을 발휘할 줄 압니다. 이는 자기 통제력과 평정심을 잃지 않고 어떤 환경과 조건에도 적응할 수 있는 마음과 몸을 유지하는 능력이 있다는 뜻입니다. 타인을 잘 살피면서도 자기 자신을 잘 표현하는, 또 감정을 잘 다스리는 사람들이 융통성을 지니고 있습니다.

셋째, 기분 좋게 해주는 목소리를 냅니다. 잘 다듬어진 편안한 목소리로 자신이 드러내고 싶은 감정을 절제하여 표현하죠. 그들은 다른 사람의 흠집만 골라 지적하는 사람들에게서 흔히 들을 수 있는, 불편한 날카로운 목소리를 내지 않습니다.

넷째, 굉장히 솔직하게 말하면서도 말하기 전에 생각하는 습관을 들인 덕에 늘 분별력 있게 말과 행동을 통제할 수 있습니다.

다섯째, 높은 수준의 정의감을 지니고 있어요. 모든 형태의 인간관계에서 정의롭게 행동하지요. 심지어 그로 인해 어쩔 수 없이 손해를 봐야 하는 상황에서도 똑같이 행동합니다.

여섯째, 성실한 인간관계를 유지해요. 타인을 불성실하게 대하면 우호적인 협조를 얻어내기가 불가능하다는 사실을 늘 기억합니다.

일곱째, 요령 있게 말하고 신중하게 행동합니다. 아무리 진실한 말이라고 해도 그 말을 함부로 내뱉어서는 안 된다는 점을 잘 알고 있습니다.

여덟째, 신속한 의사결정을 해냅니다. 의사결정에 필요한 모든 사실관계를 확보해 점검한 뒤에 빠르게 결단을 내리지요.

아홉째, 무한한 지혜에 대한 믿음을 갖고 있습니다. 그 믿음은 우주의 질서, 눈에 보이는 세계, 세상의 모습을 세심하게 관찰한 결과로 얻어집니다.

열째, 통제된 열정을 내보입니다. 이는 본인이 흥미를 느끼는 대상에 대한 열정의 강도를 의지에 따라 조절하는 능력을 뜻합니다. 그런 능력을 지닌 사람들은 열정적인 어투로 이야기하는 순간에도 자신의 말에 특별한 주의를 기울입니다.

열한째, 평소 말과 태도에서 드러나는 기본적인 예의를 매우 중요하게 여깁니다. 저는 매력적인 성품의 여러 특징 중에서도 상식적이고 기본적인 예의를 갖추는 것이 본인에게 가장 큰 대가로 되돌아오는 덕목이라는 사실을 잘 알고 있습니다.

열두째, '기대 이상 해내기' 원칙을 실천하는 습관을 갖고 있습니다. 이는 본인이 받은 대가보다 많은 일을 더 훌륭하게 해내는 태도를 뜻합니다.

진행자 힐 박사님께서 지금까지 매력적인 성품의 30가지 특징 중에서 중요한 몇 가지를 소개하셨습니다. 이제 내 점수는 얼마나 되는지 여러분 스스로 평가해 보시면 어떨까 합니다. 잠시 시간을 드릴 테니 각 특징에 본인의 점수를 직접 매겨 보시기 바랍니다. 매우 좋음, 좋음, 부족함 등으로 나누어 평가하시기를 권합니다. 아마도 여러 특징 중에서 개선이 필요한 부분이 어디인지 금세 찾아내실 수 있을 겁니다. 힐 박사님이 우리에게 알려주신 매력적인 성품의 30가지 특징 전부를 소개합니다.

1. 긍정적 정신 자세
2. 융통성
3. 성실한 삶의 목표
4. 신속한 의사결정
5. 예의 바른 태도
6. 남들을 즐겁게 해주는 목소리

7. 말할 때 미소 짓는 습관

8. 기분 좋은 표정

9. 요령 있는 말솜씨

10. 관대한 태도

11. 솔직한 말과 행동거지

12. 유머 감각

13. 무한한 지혜에 대한 믿음

14. 높은 수준의 정의감

15. 적절한 언어 선택 능력

16. 감정을 통제하는 능력

17. 이해관계에 대한 빈틈 없는 대응

18. 효과적인 연설

19. 다방면에 걸친 다재다능함

20. 사람들에 대한 애정

21. 화를 누그러뜨릴 줄 아는 통제력

22. 성공을 향한 희망과 야심

23. 습관에 대한 절제력

24. 인내력

25. 겸손한 마음

26. 깔끔한 옷차림

27. 훌륭한 쇼맨십

28. 깨끗한 스포츠맨십

29. 품위 있게 악수하는 능력

30. 인간적 흡인력

우리가 다음으로 이야기할 성공의 원칙 '기대 이상 해내기'는 본인의 능력을 남들에게 인식시키는 데 가장 필수적인 조건이라고 할 수 있습니다. 힐 박사님은 이 원칙을 어떻게 정의하시나요?

나폴레온 힐 '기대 이상 해내기'란 늘 긍정적인 마음으로 자신이 받은 대가보다 많은 일을 기꺼이 더 탁월하게 해내는 태도를 의미합니다. 이 원칙과 관련해서 제가 프랭클린 루스벨트 전 미국 대통령 재임 당시 백악관에서 겪었던 일을 말씀드리겠습니다. 기대 이상 해내기 원칙을 충실하게 따르는 사람에게 어떤 이익이 돌아가는지 잘 보여주는 사례입니다.

루스벨트 전 미국 대통령을 도와 일하기 시작했을 때, 제게 얼마의 급여가 주어질 것이며 누가 그 돈을 지급할지에 관해 사전에 이야기된 바가 없었습니다. 그렇게 일한 지

3개월쯤 된 어느 날, 루스벨트가 제 급여가 얼마나 되며 누가 그 급여를 주고 있는지 물었어요. 저는 있는 그대로 말했죠.

"그건 제가 묻고 싶습니다. 급여에 관해서는 아무 말도 듣지 못했습니다."

그 후 잠시 얘기를 나누고는 다시 제가 말했습니다.

"저는 당신이 해군 차관보와 뉴욕 주지사로 일하던 시절부터 당신을 위해 일해왔습니다. 기억하시겠지만 저는 그동안 한 푼의 급여도 받지 않았고, 1달러도 요구해 본 적이 없습니다. 그렇다고 지금부터 돈을 받기 시작하겠다는 말은 아닙니다. 급여를 주시겠다면 1년에 1달러를 주는 조건으로 저를 고용하시면 어떨까 합니다."

루스벨트는 제가 말한 대로 했습니다. 저는 백악관으로 타자기를 가져가서 일하지 않는 시간에 틈틈이 책을 쓰기 시작했고 첫해에 여섯 권의 책을 완성했습니다. 그렇게 완성한 책 중 하나가 《생각하라 그리고 부자가 되어라》였습니다. 아시다시피 이 책은 제게 세계적인 유명세를 안겨주었습니다. 사실 그 원고를 쓸 때만 해도 책을 출판할 생각은 전혀 하지 않았습니다. 그저 혼란한 시기에 생각을 정리하기 위해 쓴 글이었으니까요. 백악관을 떠난 지 3년이 흐른 뒤에야 그동안 쓴 원고를 꺼내 다시 읽어보고 출판할 만한 가치가 있는 글을 선별해 출판업자에게 줄 결심을 할 수 있었죠.

"이 원고가 잘 팔릴 거라고 믿는 이유가 뭡니까?"

"직접 읽어보면 알게 될 겁니다."

출판업자는 제 원고를 집으로 가지고 가서 읽었습니다. 그리고 자신의 직원들에게도 한 문단 한 문단 꼼꼼히 읽어보라고 지시했죠. 그런 다음 그들은 이 원고의 출판 여부를 결정하는 투표를 진행했습니다. 그 결과 그동안 출판사가 손에 넣은 어느 원고보다도 내용이 훌륭하다는 데 만장일치로 합의가 이루어졌습니다. 그들이 이 원고를 책으로 출간한 뒤부터 오늘날까지 전 세계에서 읽히는 베스트셀러로 그 자리를 지켜내고 있습니다. 지금까지 1800만 달러의 판매액을 기록했고, 제가 살아 있는 동안에도 수백만 달러의 매출이 더 발생할 것으로 예상됩니다. 제가 백악관에서 단 1달러의 연봉을 받으면서도 훌륭한 서비스를 제공하고, 더 나아가 책도 완성했다는 점을 생각해 보시면, '기대 이상 해내기' 원칙을 잘 따르는 사람이 어떤 놀라운 일을 성취할 수 있는지 깨닫게 될 겁니다.

'기대 이상 해내기' 원칙을 실천하는 사람은 다음과 같은 혜택을 얻을 수 있습니다. 첫째, 수확 체증의 법칙(투입량이 늘어남에 따라 산출량이 더욱 큰 폭으로 증가하는 경제 현상―옮긴이)을 본인에게 유리한 방향으로 활용할 수 있습니다. 승진 기회를 제공하는 사람들에게 긍정적인 관심을 끌어낼 뿐 아니라 자신을 절대 없어서는 안 될 존재로 각인시킴으로써 평균적인 수준을 훨씬 뛰어넘는 보상을 받는 일도 가능해집니다. 정신적 성장을 이루고 일의 숙련도 또한 키워나갈 수 있고, 자신이 선택한 일에서 더 높은 수준의 능력과 기술을 개발할 수 있습니다. 그런 사람들은 실직의 위험에서 안전할 뿐 아니라, 본인이 원하는 일자리와 근무 환경을 스스로 선택할 수 있게 됩니다. 또 많은 이들이 기대 이상 해내기 원칙을 외면하는 현실을 고려하면, 남들보다 상대적인 우위를 점하는 데도 도움이 됩니다. 사람들 대다수가 기대 이상으로 일하기는커녕 조금도 더 일하려고 하지 않으니까요.

'기대 이상 해내기' 원칙을 꿋꿋이 실천하는 사람은 매력적인 성품의 가장 중요한 특징인 긍정적인 정신 자세도 개발할 수 있습니다. 업무를 더 효과적으로 해낼 방법을 끊임없이 모색하는 습관 덕분에 뛰어난 상상력과 자주성도 길러지지요.

또 이 원칙은 본인의 정직함에 대한 타인의 신뢰를 쌓는 길이면서 승진과 급여 인상의 요구를 정당화하는 유일한 논리적 이유가 되어줍니다. 자신이 받은 돈 이상으로 일을 해내지 않는 사람은 더 많은 돈을 요구할 권리가 없기 때문입니다. 그래서 '기대 이상 일하기'는 종종 '급여 인상을 위한 최상의 계획'으로도 불립니다.

이런 사실들을 잘 종합해 보면 제가 왜 이 원칙을 그토록 강조하는지 이해할 수 있을 겁니다. 이 세상 어디에도 이 원칙이 잘못되었다고 반론을 제기하는 사람은 없을 거예요. 이 원칙을 조금이라도 현실에 적용하지 않은 사람이 지속적인 성공을 거둔 사례도 찾아보기 어렵습니다. 이것은 인간이 만들어낸 것이 아니라 자연의 법칙입니다. 자연계에서 인간을 포함한 모든 살아 있는 생물은 생존을 위해 이 원칙을 따라야 합니다. 누군가는 인간인 자신에게는 선택권이 있다고 말하며 이를 외면할 수도 있지만, 이 원칙을 삶에 적용하지 않고 성공이라는 열매를 수확하기는 불가능하다고 장담합니다.

항상 긍정적인 태도를 보이고, 늘 남들이 기대하는 이상으로 일을 해내고, 직무 기술서에 적힌 것보다 더 많은 일을 더 효과적으로 수행한다면 삶의 목표를 이루는 데 도움이 되는 훌륭한 인간관계 또한 맺을 수 있다는 사실도 오랜 경험을 통해 알고 있습니다.

　자신이 받는 대가보다 더 많은 일을 훌륭하게 해내는 습관을 기르면 반드시 여러 형태로 보상받을 수 있습니다. 나에게 발전의 기회를 제공할 사람들의 관심을 유도할 수 있으니까요. 그런 형태의 보상은 여러분이 직접적으로 돕는 사람이 아닌 전혀 예상하지 못한 사람이 주는 경우가 많습니다. 수확 체증의 법칙이 여러분을 위해 열심히 작동한 덕분이죠.

　또 여러분이 뿌린 '추가적인 노력'이라는 이름의 씨앗은 크게 자라나 내가 바라는 다양한 모습으로 열매를 맺을 겁니다. 더 많이 줄수록 더 많이 받는 법입니다. 성경에 "물 위에 떡을 던져라. 여러 날 후에 도로 찾으리라(전도서 11장 1절—옮긴이)"라고 쓰여 있듯이 자신이 받은 것보다, 또는 남들이 기대하는 것보다 더 많은 일을 훌륭하게 해내는 이에게는 오래도록 지속되는 큰 보상이 주어질 겁니다. 늦게 올수도 있고 이르게 올 수도 있지만, 어찌 되었든 보상은 반드시 찾아옵니다.

　친절한 말씨와 태도, 일부러 말을 아끼는 마음 씀씀이,

선물을 포함해 누군가를 위해 해준 일은 모두 여러분 자신에게 보상으로 돌아온다는 사실을 잊지 마세요. 현재 무엇을 구하고 있습니까? 추구하는 것을 다른 사람이 먼저 경험할 수 있도록 배려하면, 그것은 조만간 여러분 자신의 경험으로 바뀔 겁니다.

부를 원하나요? 성공의 비밀을 발견하고 싶습니까? 사업의 확장을 바라나요? 인간의 진정한 한계를 결정짓는 유일한 요인은 본인이 마음에 설정한 한계이며 그 한계는 자신을 둘러싼 환경을 스스로 해석한 결과로 생겨납니다. 석기시대부터 현대에 이르는 인류 전체의 역사가 그 점에 대해 반론의 여지가 없는 증거를 제시합니다.

어떤 사람들은 자신의 돈, 시간, 재능, 내적 자원을 인색하게 사용합니다. 그중에는 공포심으로 인해 많은 시간을 들여서 억지로 일하는 사람도 있을 수 있습니다. 하지만 그런 식으로 마지못해 하는 일에서는 진정한 생산성을 찾아보기가 어렵습니다. 몸은 피곤하지만, 그건 억울한 피곤함입니다. 즐거운 마음으로 온몸을 바쳐 일했을 때와는 달리 잠도 잘 오지 않지요.

반면 주어진 일을 더 잘 해내겠다는 의욕에 넘쳐 재능을 충분히 발휘해 '기대 이상 해내기' 원칙을 실천하는 사람을 생각해 보세요. 기쁜 마음으로 더 많은 시간 동안 일하고 더 큰 노력을 쏟은 결과 더욱 반짝반짝 빛나는 제품이 생산되면, 그의 마음속 깊은 곳에서는 그동안의 고생을 잊게 해주는 무한한 행복감이 넘쳐흐르게 됩니다. 비록 그 순간에는 그 노력을 알아주거나 고맙다고 말하는 사람이 없을지 모르지만, 그렇게 훌륭하게 일을 해냈다는 사실을 스스로 아는 것만으로도 이미 충분한 보상을 받은 겁니다. 남들의 기대 이상으로 더 많이, 더 훌륭하게 일하는 데서 오는 순수한 기쁨은 진정한 노동자와 무위도식하는 사람을 가르는 차이입니다.

그렇기에 '기대 이상 해내기' 원칙을 실천하는 사람은 마음과 주머니가 동시에 풍부해집니다. 하지만 물질적인 풍요로움은 금방이라도 사라질 수 있는 일시적 현상이라는 사실을 잊어서는 안 됩니다. 여러분은 냉정한 자기 경영의 지혜를 바탕으로 다음과 같은 사실을 늘 기억해야 해요. '기대 이상 해내기'의 진정한 보상은 그 대가로 얻어지는 유형의 산물이 아니라 자발적으로 쏟은 노력의 기쁨, 동료가 탄배를 해변으로 밀어주며 얻어낸 마음의 풍요 같은 것이라고요. 다른 사람을 돕기 위해 열심히 애쓰는 데서 오는 순수한 기쁨을 만끽하는 성숙한 자세, 그렇게 삶의 균형을 섬

세하게 조율하는 태도가 어느덧 본성의 일부로 자리 잡아 자신의 삶에서 미처 예상하지 못했던 배당금으로 돌아올 겁니다.

5장

어떤 경우에도
<u>스스로 생각하고 결정하라</u>

∶ 자기 주도성과 자기 절제 ∶

"생각하는 습관은
삶에 주어진 수많은 환경 중에서
스스로 완벽히 통제할 수 있는
유일한 대상입니다."

진행자 이제 자아 성취의 과학을 이루는 또 하나의 자기 경영 원칙, '자기 주도성personal initiative'을 이야기할 시간입니다. 자기 주도성은 사회적 위치와 관계없이 누구에게나 필요한 덕목이라고 강조해 오셨습니다. 힐 박사님, 박사님께서 성공철학을 개발하는 과정에서 만난 500여 명의 성공한 인물 모두가 자기 주도성을 지니지 않았을까 싶은데요. 맞을까요?

나폴레온 힐 말씀하신 대로 자기 주도성은 그들 모두의 뚜렷한 특징이었습니다. 제가 자아 성취의 과학을 구축하는 과정에서 만난, 부와 성공을 거머쥔 500여 명의 위대한 인물 모두 자기 주도성을 바탕으로 행동하는 습관을 적극적으로 활용하고 있었어요. 자기 주도성의 원칙을 삶에 효과적으로 도입해서 위대한 성공을 거둔 몇몇 사람의 사례를 말씀 드리죠.

헨리 카이저는 제2차 세계대전이 벌어지자 정부를 위해 선박을 만드는 사업에 뛰어들었습니다. 한 번은 그의 회사가 특수 제작된 자동차에다가 선박 건조에 필요한 자재를 싣고 조선소까지 운송할 일이 생겼습니다. 이 자재는 반드시 제시간에 도착해야 했어요. 카이저는 가만히 앉아서 물건이 오기만을 기다리지 않았습니다. 대신 자재를 제시간에 도착시키기 위해 자재 차량을 실은 기차에 자신의 직원 두 명을 탑승시켰습니다. 한 사람이 잠을 자는 동안 다른 한 사람은 일어나서 상황을 감시해야 했어요.

카이저는 두 사람에게 또 다른 특별한 임무도 지시했습니다. 행여 철도 직원들이 기차를 움직이지 않고 꾸물거린다면, 즉시 철도 회사 사장에게 전화를 걸어 기차를 움직이라고 요구하는 임무였죠. 카이저가 자기 주도성의 원칙을 어떻게 실천했는지 확실하게 보여주는 장면입니다.

이처럼 위대한 성취를 이룬 이들이 꾸려나가는 삶의 방식은 자기 주도성의 원칙을 기반으로 합니다. 윌버 라이트

와 오빌 라이트 형제의 비행기 개발 과정을 생각해 보세요. 저는 라이트 형제가 제작한 최초의 비행기에 오빌 라이트 와 함께 타 보기도 했습니다. 두 사람은 이 기계가 하늘을 날 수 있다는 사실을 증명하기 위해 워싱턴의 해군성까지 비행했습니다. 워싱턴과 알렉산드리아 사이를 왕복하는, 약 15킬로미터 구간을 함께 날았어요. 해군성은 시연 장면 을 지켜본 뒤에 그 비행기를 구매할 수밖에 없었죠. 라이트 형제도 비행기를 개발하기까지 수없이 많은 실패를 겪었어요. 그러나 실패를 두려워하지 않고, 자기주도적으로 끊임 없이 계속 시도하고 도전한 덕분에 마침내 목표한 바를 이 룰 수 있었습니다.

토머스 에디슨이 백열전구를 개발한 것도 자기 주도성 을 발휘해 성공한 대표적인 사례입니다. 에디슨이 1만 번을 실패하고도 단념하지 않고 꿋꿋하게 도전을 지속한 모습을 상상해 보세요. 제가 그를 만났을 때, 그가 아직 백열전구 를 발명하지 못했다면 저와 대화하며 시간을 낭비하는 대 신 실험실에서 일하고 있을 거라고 말했다는 것을 기억하 지요? 그가 실패할 거리가 더는 없었기 때문에 결국 성공할 수밖에 없었다고 말한 것도 잊지 않았기를 바랍니다. 에디 슨이 제게 들려준 말 중에 가장 깊은 감명을 안겨준 대목이

기도 합니다. 그러면서 그는 왜 더 많은 사람이 실패할 거리가 다 떨어질 때까지 도전하지 않는지 궁금해했습니다. 단념하지 않고 노력하면 성공할 게 분명한데 왜 포기하는지 의아해하면서 말이죠.

또 저 자신도 연구해 온 성공철학에서 빠진 연결 고리를 찾아내는 데 20년이 넘는 세월을 쏟아부었습니다. 그 연결 고리는 '신비한 습관의 힘'이라는 원칙이에요. 마지막 장에서 더 자세히 이야기할 예정입니다. 우리 곁에서 늘 살아 숨 쉬는 이 위대한 성공 원칙도 제가 꾸준한 자기 주도성을 발휘한 덕분에 일상적인 언어로 표현할 수 있게 된 겁니다. 자기 주도성 원칙과 더불어 성공철학을 구성하는 나머지 16가지 원칙들은 '신비한 습관의 힘' 속에서 한데 어우러집니다.

진행자　　자기 주도성이 어떤 힘을 발휘하는지 잘 이해했습니다. 그렇다면 자기 주도성을 어떻게 개발할 수 있는지도 알려주시겠어요?

나폴레온 힐　　자기 주도성을 개발하기 위해서는 먼저 일상에서 이 원칙을 활용하기 시작해야 합니다. 가장 먼저, 할 일을 자꾸 미루는 습관을 자기 주도성의 원칙으로 교정할 수 있습니다.

진행자   힐 박사님께서 요즘 뭔가를 시작하는 사람은 많아도 마무리하는 사람은 드물다고 말씀하셨던 게 기억납니다.

나폴레온 힐   본인이 맞닥뜨리는 일상적 상황에서 자기 주도성을 발휘하는 습관을 들이고, 그 습관을 꾸준히 유지한다면 시작한 일을 잘 마무리하지 못하는 문제를 해결할 수 있습니다. 오늘 해야 할 일이나 어제까지 마쳐야 했던 일을 내일로 미루면 안 됩니다. '당장 실천하라Do it now'라는 구호를 가슴에 품고 그에 걸맞은 삶을 살아가야 합니다.

일단 시작했지만 일을 마무리하지 못하는 보편적인 이유는 분명한 목적 없이 방황하는 삶을 살아가고 있기 때문입니다. 성공을 위한 계획을 세우고자 하는 사람은 먼저 자기 주도성을 확고히 정립하는 습관을 개발해야 합니다. 명확한 목표를 설정하고 그 목표를 이뤄낼 체계적인 계획을 세우세요. 그래야 자기 주도성이 생겨납니다. 목표가 달성되는 순간까지 끝까지 추진해야 함을 잊지 마세요.

자기 주도성을 개발하면 다음 네 가지 일이 가능해집니다. 전부 제가 앞서 이야기한 원칙들과 관련이 있다는 것을 눈치 채실 거예요.

1. '명확한 목표'를 선택하게 하고, 목표를 달성하기 위한 구체적인 계획을 수립해서 그 계획을 끝까지 실천하게 해줍니다.
2. '기대 이상 해내기' 습관을 들이는 데 필요한 행동을 하게 됩니다.
3. '마스터 마인드 연합'을 구축하고자 하는 동기를 부여합니다.
4. 마음을 정화해서 '실천하는 믿음'으로 인도합니다.

자기 주도성은 행동을 통해 드러나는 선한 의지이자 자립정신의 발현이기도 합니다. 자기 주도성이 강한 사람은 주변으로부터 깊은 존경을 이끌어 내기 때문에 뛰어난 리더도 될 수 있어요. 리더가 필수적으로 갖춰야 하는 다섯 가지 주요 자질도 살펴보고 가겠습니다.

1. 자기 주도성

2. 명확한 목표 설정

3. 명확한 목표 추구를 위한 동기부여와 지속적 행동

4. 명확한 목표 달성에 필요한 능력을 제공하는 마스터 마인드 연합

5. 목표의 범위와 규모에 비례하는 자립정신

마음속에 명확한 목표가 있는 사람은 자기 주도성을 발휘할 기회도 쉽게 찾아내고 자신감 있게 행동합니다. 정확한 분별력과 논리를 바탕으로 자기 주도성을 발휘하면 남들보다 앞서가면서도 주위의 모든 사람과 조화를 이루게 되지요. 명확한 목표를 향해 움직이기 때문에 높은 수준의 자기 주도성을 발휘해서 더 수월하게 일하고, 더 큰 보상과 사람을 얻으며, 그 덕에 성공의 여정을 앞당기고 순탄한 앞길을 열어나갑니다.

진행자 그다음으로 '자기 절제self-discipline'를 주제로 이야기를 나눠볼 시간입니다. 힐 박사님은 이런 심오한 말을 하셨었죠. "개인적 성공을 위한 요건 중에 자기 절제보다 더 중요한 것은 없다." 아마 '절제'라는 말 때문에 어렵게 느끼는 사람이 꽤 많으리라 생각합니다. 힐 박사님, 예전에 박사님

은 자기 절제, 그러니까 생각과 감정을 통제하고 다스리는 일이 왜 그토록 중요한지 분명하게 설명하신 적이 있습니다. 다시 한번 그 중요성에 관해 한마디 해주시겠습니까?

나폴레온 힐　마음은 이 세상에서 누구의 방해도 받지 않고 자신의 의지로 오롯이 통제력을 발휘할 수 있는 유일한 대상입니다. 세월이 흐를수록 마음을 잘 다스리면 삶이 풍요로워진다는 사실을 더 절실히 깨달았습니다. 절제력을 갖춘 사람은 자기가 진정으로 원하는 대상에 마음을 고정하고, 원치 않는 대상에는 마음의 문을 걸어 잠글 수 있습니다. 이로 인해 마음의 평화를 얻고 그 덕에 건강한 신체도 유지하게 되지요.

　자기 절제란 자신의 목표에 맞춰 사고 패턴을 조화롭게 유지하려는 자발적인 노력을 의미합니다. 이는 인간에게 주어진 일종의 특권인데, 여기에는 커다란 책임이 동반됩니다. 그 특권으로 말미암아 이 지구상에서 차지하는 위치가 결정되기 때문입니다. 여러분이 삶의 궁극적인 목표를 달성하는 방향으로 사고의 습관을 설계하는 데 실패함으로써 이 특권을 포기해 버린다면, 통제 불가능한 환경이 그 특권을 손에 넣게 될 것입니다. 그 결과는 대단히 참담합니다.

인간이라면 누구나 습관의 영향을 받으며 살아갑니다. 어떤 습관은 본인이 직접 개발하지만, 또 어떤 습관은 자기 의지와 관계없이 저절로 생겨나기도 합니다. 공포, 의심, 우려, 욕심, 미신, 질투, 증오가 낳은 습관이 바로 그런 경우입니다. 당연히 내가 개발한 좋은 습관이 더 큰 힘을 가지도록 해야겠죠.

자기 마음의 주인이 되지 못하는 사람은 그 무엇의 주인도 될 수 없습니다. 반면에 자신의 마음을 다스릴 줄 아는 사람은 운명과 영혼을 다스릴 수 있어요. 위대한 부와 성공을 이룬 사람이 겸손한 태도를 보이는 것은 가장 숭고한 형태의 자기 절제입니다.

수많은 사람이 공포와 좌절, 불안 같은 자신이 원치 않는 대상에 마음을 붙박은 채로 살아갑니다. 그러나 원치 않는 대상을 향해 열려 있는 마음의 문을 과감히 닫아버릴 때 비로소 높은 수준의 자기 절제를 해낼 수 있습니다. 그런 뒤에야 진정으로 바라는 건강, 부, 행복으로 향하는 문이 열리는 겁니다.

과거는 이미 영원히 지나갔습니다. 지나간 날들을 향해 열려 있는 마음의 문을 닫고 밝고 희망찬 미래로 향하는 문을 활짝 열어젖히기를 바랍니다. 과거에 경험한 실패, 좌절, 실망, 공포는 더 이상 여러분의 삶을 좌우하는 요인이 아닙니다. 이것들을 향해 있는 문을 굳게 닫는다면 이제부터는 삶을 살아가는 내내 강력한 자기 절제로 이뤄낸 풍요와 행복 속에서 값을 따질 수 없을 정도로 귀한 결실을 보게 될 겁니다.

진행자　마하트마 간디는 박사님이 쓰신 책 전부를 인도에 소개했습니다. 저는 그가 '자기 절제'에 대한 박사님의 가르침을 본인의 삶에 충실히 적용한 가장 우수한 학생이 아닐까 생각하고 있습니다.

나폴레온 힐　맞습니다. 생각해 보세요. 한 개인이 영국 정부가 보낸 군대 전체와 맞서 싸워 자국의 국민을 해방시키고 영국 군대를 고향으로 돌려보냈습니다. 그 과정에서 그는 한 발의 총도 쏘지 않았고 한 명의 군인도 해치지 않았습니다. 마음을 다스려서 얼마나 위대한 일을 이룰 수 있는지 잘 보여주는 참으로 놀라운 사례죠.

　자기 절제의 능력은 생각하는 습관을 통제함으로써 얻어집니다. 사실 '자기 절제'라는 말 자체가 전적으로 사고의 힘과 관련된 용어입니다. 자기를 절제하려는 모든 노력이 오로지 마음과 생각의 영역에서만 이루어지기 때문입니다. 그 효과가 신체적 기능에도 영향을 미치기는 하지만요. 여러분이 지금의 위치에서 지금과 같은 모습으로 살아가고 있는 것도 모두 생각하는 습관이 낳은 결과입니다. 생각하는 습관이 전적으로 본인의 통제하에 놓여 있음을 잊지 마세요. 생각하는 습관은 삶에 주어진 수많은 환경 중에서 스스로 완벽히 통제할 수 있는 유일한 대상이라는 것을 다시 한번 강조합니다.

자기 절제는 우리가 사고의 습관을 직접 통제하고 지휘할 수 있게 해주는 위대하고 중요한 수단이자 심리적·신체적·영적 운명을 결정짓는 핵심 요인입니다. 마음의 주인이 되어 자기주도적으로 사고하는 습관을 지니면, 그 습관들은 능력의 최고 수준으로 목표한 바를 이루기 위해 열심히 노력할 겁니다. 그러나 만약 통제 불가능한 삶의 환경이 사고의 습관을 멋대로 만들어내도록 방치한다면, 그렇게 만들어진 사고 습관은 여러분을 실패라는 이름의 강기슭으로 끌고 갈 것입니다.

원하는 것을 끊임없이 추구하도록 계속해서 마음을 훈련하는 사람은 반드시 그 목표를 이룰 수 있습니다. 반대로 항상 본인이 원치 않는 것만 생각하는 사람은 어김없이 늘 생각해 온 바로 그것을 얻게 될 겁니다. 여러분의 사고 습관은 마음에 어떤 재료를 공급하느냐에 따라 달라집니다. 그건 밤이 지나고 아침이 찾아오는 것만큼이나 분명한 사실이에요.

가슴이 갈망하는 삶에 부합하도록 마음을 깨우고, 일으키고, 자극하세요. 최대한의 의지를 발휘해서 마음을 다스려야 합니다. 남이 아닌 바로 여러분 자신의 마음을요. 마음은 추구하는 삶을 살도록 돕는 하인입니다. 세상의 어느 누구도 나 자신의 동의와 협조 없이는 그 마음에 함부로 들어앉거나 영향을 미칠 수 없습니다. 이 진실을 절대로 잊지 말아야 해요.

얼마나 놀라운 사실인가요. 아무것도 통제할 수 없는 듯한 상황이 밀어닥쳐 곤혹스러울 때, 이 사실을 꼭 기억하시기 바랍니다. 공포와 의심, 우려가 마음 한구석을 차지할 때도 꼭 기억하세요. 번영과 풍요로움으로 채워져야 할 마음의 공간에 빈곤의 공포가 스며들 때도 기억해야 합니다. 이 세상 누구라도 자기 절제를 통해 자신의 마음에 완전한 소유권을 주장할 수 있다는 사실을 잊지 마세요.

여러분은 땅 위를 기어 다니는 벌레로 태어나지 않았습

니다. 만일 그런 존재로 세상에 나왔다면 두 다리로 걷는 대신 배를 대고 땅 위를 기어 다니도록 설계된 기관이 몸에 달려 있겠지요. 그러나 여러분의 신체는 두 다리를 땅 위에 딱 버티고 서서 스스로 생각할 수 있는 최고의 목표를 향해 달려가게끔 설계되어 있습니다. 그러므로 더 큰 꿈을 꾸어야 합니다. 왜 작고 부족한 것에 만족합니까? 왜 창조주가 허락한 가장 값진 선물인 생각하는 힘을 무시하고 외면함으로써 그를 모욕합니까?

자기 절제는 마음을 교정하고, 형성하고, 강화하고, 수행하는 훈련입니다. 여러분의 행동과 태도는 모두 생각의 표현입니다. 우리의 생각 대부분은 통제 불가능하고, 무작위적이고, 잠재의식 속에서만 이루어지는 듯이 보이지만 절대 그렇지 않다는 것을 이제는 아실 겁니다.

특정한 주제에 관해 생각할 때면 반드시 특정한 감정이 일어납니다. 스스로 어떤 감정을 느끼고 있다고 자각하지요. 생각이 촉발하는 힘과 에너지를 느끼기 때문입니다. 그때 내가 하는 생각은 사랑, 믿음, 충성심 같은 긍정적 감정을 유발할 수도 있고, 공포, 질투, 탐욕, 분노 같은 부정적 감정을 불러올 수도 있습니다. 자기 절제를 실천하는 사람은 언제나 생각이 만들어낸 에너지를 긍정적인 감정으로 전환해서 유익하고 확고한 행동으로 이어지게 합니다. 그러니 이제는 생각의 에너지가 보다 유익한 통로를 따라 흐르도 록 도와주세요.

6장

목표에 집중하고
끈기 있게 추진하라

: 절제된 집중력과 열정 :

"살고 싶은 집, 떠나고 싶은 여행,
삶에서 꼭 오르고 싶은 자리를 생각하세요.
현재 삶에서 어떤 위치에 놓여 있든,
미래의 행복을 향해 열정을 쏟으면 됩니다."

진행자　　오늘 이야기할 첫 번째 주제는 '절제된 집중력'인데요. 절제된 집중력은 주어진 목표를 달성하는 데 마음의 모든 힘을 한데 모아 쏟아붓는 행위라고 설명하셨습니다. 힐 박사님, 삶의 주된 목표에 집중하는 일이 그토록 중요한 이유는 무엇일까요?

나폴레온 힐　　삶의 주된 목표에 정신을 집중하는 일이 중요한 이유는, 그렇게 하지 않으면 상대적으로 덜 중요한 대상들에 마음의 힘을 분산시킬 수밖에 없기 때문입니다. 위대한 업적을 성취한 사람들은 모두 중요한 목표에 마음을 집중하는 법을 배운 사람들입니다. 어떤 사람들이 있는지 알아볼까요?

헨리 포드가 설정한 가장 중요한 목표는 저렴한 자동차를 개발해서 시민들에게 보급하는 것이었습니다. 그의 한 친척은 실현 불가능한 일이라며 그에게 온갖 비난을 쏟아부었고 대중은 그가 쓸모없는 기계 장치를 만드느라 시간을 낭비하고 있다고 조롱했지만, 결국 포드는 세계 최초의 상용 자동차를 성공적으로 개발해 냈습니다. 그는 그 목표를 달성하는 데 마음과 정신을 집중했고 다른 곳에 한눈을 팔지 않았습니다.

그리고 토머스 에디슨의 절제된 집중력도 오로지 발명을 향해 있었어요. 덕분에 그는 여러분이 알고 있듯이 인류 역사를 통틀어 최고의 발명가가 되었습니다. 앞서 이야기한 대로, 라이트 형제가 집중했던 일은 공기의 힘을 이용해서 하늘 높이 비행기를 날려 보내는 것이었고 결국 성공을 거머쥐었죠.

존 록펠러는 오직 석유를 생산하고, 정제하고, 판매하는 데 모든 힘을 집중했으며, 그 목표를 추구하는 과정에서 어마어마한 부를 쌓아 올렸습니다. 랄프 왈도 에머슨은 인간이라는 존재의 생각을 헤아리고 사고의 과정을 이해하는 데 평생을 쏟았어요. 프랭크 울워스는 5센트와 10센트짜리 제품만 전문적으로 판매하는 매장들을 열고 운영하는 데 노력을 집중했으며, 전략에 집중하고 모든 역량을 쏟은 결과 수백만 달러를 모은 거부가 됐습니다. 세상을 떠날 즈음에는 뉴욕 시내에 미국에서 가장 높은 건물을 세울 정도였죠.

제 경우를 이야기하자면, 제가 집중하는 단 하나의 목표는 자아 성취의 성공철학을 더 완벽하게 구축하는 겁니다. 이미 지난 55년간 그 일에 헌신했고, 그 결과 이 땅에 살아가는 수백만 명의 영혼에 저의 철학을 전할 수 있게 됐습니다. 죽기 전까지 세상의 모든 나라에 이 철학이 전파되는 모습을 볼 수 있기를 바라고 있습니다.

윌리엄 리글리 2세^{William Wrigley Jr.}는 5센트짜리 추잉검을 제조하고 판매하는 데 집중했고 이 일에 자신의 모든 역량을 쏟아부어 결국 엄청난 재산을 모았습니다. 리글리는 제게서 이 성공철학을 배운 첫 번째 학생이기도 합니다. 이 철학을 처음 가르치기 시작했을 때, 리글리는 다섯 명의 동료와 함께 이 철학을 배웠어요. 그들이 제게 지급한 돈은 제가 이 철학을 남에게 가르쳐서 처음으로 받은 보수이기도 합니다. 리글리가 은행에서 빳빳한 100달러짜리 지폐 다섯 장을 찾아와 제게 건네준 기억은 지금도 생생합니다. 저는 그 돈을 할 수 있는 만큼 오랫동안 지갑에 보관했습니다. 나중에는 결국 식비로 써야 했지만요.

시어스로벅앤드컴퍼니^{Sears, Roebuck and Company}(미국에서 처음으로 카탈로그를 활용한 통신판매 사업을 시작해 나중에는 유통업에도 진출해서 큰 성공을 거둔 기업—옮긴이)는 소비자들이 신뢰할 수 있는 통신판매 비즈니스를 개발하는 데 온 신경을 집중했습니다. 이 회사가 사업을 시작하기 전까지 소비자들은 제품을 구매하기 위해 우편으로 돈을 송금하고도 제품을 받지 못하는 일을 종종 겪어야 했고, 제품을 받더라도 원래 주문했던 상품이 아닌 걸 받는 경우가 태반이었습니다. 하지만 그런 일이 발생해도 소비자들은 할 수 있는 일이 아무것도 없었죠. 시어스로벅앤드컴퍼니는 끈기 있게 우편 주문을 이용한 통신판매를 추진해서 결국 고객들의 깊은 신뢰감을 얻었고 그 덕에 손꼽히는 위대한 종합유통기업이 될 수 있었습니다.

절제된 집중력에는 특정한 욕구를 달성하는 데 온 마음을 집중한 후에 그 욕구를 실현할 방법과 수단을 성공적으로 가동하는 '행위'도 포함됩니다. 집중한 채 다른 사람들과 특정한 주제에 머리를 맞대고 생각을 모으면 새로운 통찰과 지혜도 얻을 수 있습니다. 혼자서 하든 여러 사람과 함께하든 뭔가에 초점을 맞추고 주의를 집중하면 놀라운 능력이 생기지요. 집중한 뒤에야 비로소 성공이 찾아옵니다. 사고의 힘과 마음이 발산하는 에너지로 발휘되는 절제된 집중력은 성공을 위한 매우 중요한 도구입니다.

무언가를 시도해서 실패했을 때는 다시 성공할 방법을 찾는 데 집중하고 전력을 기울이면 됩니다. 이 성공철학은 바로 그런 사람들을 구원하기 위해 존재합니다. 과거에 실패한 사람들이 미래의 성공을 기약할 수 있는 놀라운 자기 경영 전략이죠.

절제된 집중력으로부터 최대의 혜택을 얻기 위해 함께 적용해야 하는 다른 원칙들이 있습니다. 절제된 집중력과 합쳐졌을 때 기적에 가까운 능력을 발휘할 수 있게 해주는 원칙들이지요.

1. 명확한 목표와 목표를 달성할 수 있다고 여기는 자기 암시
2. 목표를 향한 의지
3. 마스터 마인드
4. 실천하는 믿음
5. 기대 이상 해내기를 실천하는 습관

6. 감정 통제를 통한 자기 절제

7. 자기 주도성

8. 창의적 비전

9. 정확한 사고

10. 실패에서 배우기

11. 열정

12. 매력적인 성품

진행자   힐 박사님께서 이미 중요하게 다룬 것들이 포함되어 있네요.

나폴레온 힐   네, 맞습니다. 절제된 집중력은 의지와 자기 절제의 산물이자 성공의 필수 조건입니다. 특정한 대상에 오롯이 정신을 집중하면 에너지를 여기저기 분산하지 않고 명확한 목표를 달성하는 데 초점을 맞출 수 있어요. 그 뒤에는 잠재의식이 나머지 일을 넘겨받아 '신비한 습관의 힘'에 의해 여러분의 몸을 자동으로 움직이게 할 겁니다. 마치 카메라 렌즈와도 같습니다. 그 렌즈를 통해 여러분이 추구하는 목표가 잠재의식에 선명하게 새겨지는 겁니다.

진행자　이제 오늘의 두 번째 주제인 '열정enthusiasm'에 관해서 이야기를 나눠보겠습니다. 많은 사람이 들뜬 감정과 열정을 혼동합니다. 미친 듯이 집 안을 뛰어다닌다고 해서 열정이 얻어지지는 않죠. 힐 박사님이 얘기하신 대로 진정한 열정은 내면에서 나오고, 이는 '활동적인 믿음faith in action'을 의미한다고 알고 있습니다. 힐 박사님, 진정한 열정의 혜택을 몇 가지만 말씀해 주시겠습니까?

나폴레온 힐　그 질문에 대한 가장 좋은 대답은 열정을 개발하는 방법을 알려주는 데 있다고 생각합니다. 그중 첫 번째가 '강렬한 열망burning desire'을 바탕으로 행동하는 겁니다. 강렬한 열망이 무엇일까요? 특정한 목표를 이루기 위해서라면 어떤 대가도 기꺼이 치를 의사가 있는 단호하고 명확한 욕구를 말합니다. 이는 단순한 희망이나 바람과는 매우 다릅니다. 강렬한 열망은 열정의 첫 번째 단계입니다. 열정에는 능동적 열정과 수동적 열정이 있는데요, 능동적 열정이 성공에 훨씬 효과적입니다.

능동적 열정은 겉으로 드러내기 전에 먼저 내면으로 느껴야 합니다. 열정이 내면으로부터 생겨나기 때문입니다. 그리고 난 뒤 사람들과 나누는 일상적 대화에서 열정을 잘 표현해야 합니다. 단조로운 음조로 지속되는 말은 듣기에 매우 지루하므로 톤을 신경 쓰고, 또 적절한 미소를 머금은 표정도 열정을 표현하는 도구가 될 수 있다는 사실을 알면 좋습니다. 지금부터 누군가와 이야기를 나눌 때, 대화 중에 열정을 드러내는 사람과 그렇지 않은 사람을 유심히 관찰해 보시기 바랍니다. 열정을 표현하는 사람은 앞서 이야기한 '매력적인 성품'도 갖추고 있다는 사실을 알 수 있을 겁니다.

우리는 사람들과 일상적으로 나누는 대화에서도 열정을 표현하는 습관을 들여야 합니다. 먼저 거울을 보고 연습하세요. 거울 속의 자신과 이야기 나누며 대화하는 연습을 하시기 바랍니다. 대화에서 열정을 표현하다 보면 상대방이 그 열정을 받아들이고, 본인의 열정으로 전환해서 여러분에게 어떻게 되돌려주는지도 관찰할 수 있을 겁니다. 잘 몰랐겠지만 열정은 전염성이 강합니다. 내가 상대방에게 표현한 열정은 다시 나에게 돌아옵니다. 그것도 크게 확대되어 돌아오죠.

삶을 살아가면서 불쾌한 환경에 맞닥뜨렸을 때도 열정을 떠올리세요. 마음속에 품은 열정을 바탕으로 다시 명확한 목표를 마음속에 거듭 되새기면서 그 불쾌한 느낌을 유쾌한 느낌으로 바꿔놓아야 합니다. 이를 반복하면 삶을 살아내는 데 필요한 엄청난 동기와 힘이 생겨날 겁니다.

진행자　힐 박사님도 랄프 왈도 에머슨이 쓴 글 중에서 기억에 남는 구절이 많으실 겁니다. 에머슨은 이렇게 말한 적이 있어요. "세계 역사에서 가장 위대하고 결정적인 순간들은 모두 열정이 이뤄낸 승리다." 박사님은 지금까지 살아오시면서 그 말이 실제로 입증되는 장면을 수없이 목격하셨죠. 그렇지 않습니까?

나폴레온 힐　그 말이 입증되는 장면을 목격했을 뿐 아니라 스스로 입증하기도 했습니다. 제가 고등학생 때 한 회사의 일자리를 얻으려 했던 적이 있습니다. 그때 다음과 같은 방법으로 목표를 달성했죠. 먼저 지원서에 제 자격 조건을 기재하고 그 일을 꼭 하고 싶다는 의욕을 밝힌 다음 서류를 발송했습니다. 그 회사에서는 "미안합니다. 빈자리가 없네요"라는 답변을 주었습니다. 저는 다시 전보를 보냈어요. 답변은 여전히 "안 됩니다"였습니다. 그래서 한 주 내내 우편으로 매일 같이 지원서를 보냈고, 연달아 거절 답변을 받았습니다. 그러나 포기하지 않고 이틀에 걸쳐 2시간 간격으로 계속 특별 전보를 발송했습니다. 마침내 그 회사에서 제게 출근하라는 답변을 보냈어요.

또 테네시주 멤피스에서 사업가로 성공한 클래런스 손더스^{Clarence Saunders}의 사례도 있습니다. 그는 제 성공철학을 배운 학생 가운데 매우 뛰어난 성취를 이룬 인물인데요. 그는 한때 식료품점에서 물건을 배달하는 일을 했습니다. 그는 넘치는 열정으로 일을 대했고, 상상력도 매우 풍부한 사람이었어요. 상품을 더 효과적으로 판매할 수 있는 새로운 방법을 끊임없이 개발해서 고용주에게 적극적으로 제안했죠. 하지만 그의 고용주는 클래런스가 '멍청한 제안'으로 자신의 시간을 계속 낭비하는 데 짜증이 난 나머지, 그에게 만일 한 번만 더 그런 말을 하면 해고해 버리겠다고 선언했어요.

그로부터 얼마 뒤에 멤피스시에 최초의 카페테리아^{cafeteria}(고객이 계산대에서 음식을 주문한 뒤에 직접 자리로 가지고 가서 먹는 셀프서비스 식당—옮긴이)가 생겼습니다. 클래런스가 점심을 먹기 위해 거리로 나간 어느 날, 카페테리아 앞에 사람들이 길게 줄을 서서 차례를 기다리는 모습이 그의 눈에 띄었습니다. 그는 호기심이 생겨 사람들 뒤로 줄을 선 다음 쟁반을 들고 원하는 음식을 가득 담았어요.

'우리 식료품점에도 고객들이 저마다 바구니를 들고 원하는 물건을 직접 담아 가게를 떠나기 전 한 곳에서 돈을 내는 방식을 도입하면 얼마나 좋을까? 시간도 절약할 수 있고 일도 훨씬 쉬워질 텐데.'

계산대 앞으로 가서 돈을 내려는 순간, 그의 이런 상상이 마구 날뛰기 시작했습니다. 그래서 그는 일하던 식료품점으로 재빨리 돌아가 고용주에게 이렇게 말했죠.

"사장님, 100만 달러짜리 아이디어가 생각났어요."

어떤 대답이 돌아왔을지 예상되지 않나요?

"클래런스, 너는 해고야."

그 고용주는 예고한 대로 클래런스를 해고했습니다. 이후 저는 클래런스의 고용주와 이야기를 나눌 기회가 생겨 대화한 적이 있어요. 그는 나중에 계산해 보니 자기가 클래런스를 해고할 때 입으로 내뱉은 단어 하나당 약 100만 달러의 손해를 봤다고 하더군요. 클래런스가 셀프서비스 식료품점 아이디어로 한 투자회사를 설득해 최초의 현대식 슈퍼마켓 피글리 위글리Piggly Wiggly를 열었고, 4년 만에 400만 달러를 벌었거든요. 훌륭한 아이디어를 지닌 사람이 열정의 도움을 받아 어떤 일을 이룰 수 있는지 잘 보여주는 놀라운 사례입니다.

열정은 당면한 과제를 수행하는 데 필요한 행동을 유도합니다. 인간의 행동을 촉진하는 필수적인 동력이에요. 위대한 리더들은 자신과 함께하는 이들에게 열정을 불어넣는 게 중요하다는 사실과 열정을 불어넣는 방법도 잘 알고 있습니다.

또 열정은 신체의 활력을 재충전하고 적극적인 성품을 만들어줍니다. 태어날 때부터 자연적으로 열정이 넘쳐나는 축복을 받을 수도 있지만 후천적으로 열정을 발달시켜야 할 수도 있는데요. 열정을 개발하는 방법은 간단합니다. 자기가 가장 좋아하는 일부터 시작하는 겁니다. 인간이 쏟는 모든 노력의 궁극적 목적인 '행복'은 오직 앞날에 대한 희망에 의해 지속되는 마음 상태입니다. 행복은 미래에 존재하기에 과거에서 찾지 말아야 합니다.

행복한 사람은 아직 이뤄내지 못한 최상의 목표를 성취하고자 하는 꿈을 품은 사람이에요. 여러분이 살고 싶은 집, 열심히 벌어서 저축하는 돈, 여유가 되면 떠나고 싶은 여행, 삶에서 꼭 오르고 싶은 자리를 생각하세요. 꿈을 향해 가는 모든 과정이 여러분에게 행복을 안겨주는 요인이자 삶의 명확한 목표를 구성하는 재료입니다. 여러분이 현재 삶에서 어떤 위치에 놓여 있든, 미래의 행복을 향해 열정을 쏟으면 됩니다.

열정은 내면에서 상상력을 일으켜 활용하도록 만들어줍니다. 클래런스처럼 말이죠. 또 동기부여의 산물이기에 자기 주도성을 표출하는 행동을 불러일으키고, 목표에 깊이 집중하게 해줄 뿐 아니라 입 밖으로 뱉어내는 모든 말에 힘과 확신을 심어줍니다. 매력적인 성품에도 해당하고 전염성도 강해서 저절로 활용하면 다른 사람들의 협조를 얻어내는 것도 가능하죠. 제가 이번 강의에서 알려드리는 다른 성공 원칙들을 실천하면 열정을 오랫동안 유지하는 것도 가능해지니 끝까지 집중하셨으면 합니다.

'고양된 감정inspired feeling'과 '들뜬 감정animated feeling'은 다르다는 것도 알아야 해요. 들뜬 감정은 단합 대회나 영업 회의에 참석하기만 해도 손쉽게 얻어낼 수 있습니다. 노래를 부르고, 집 안을 뛰어다니고, 팔짝팔짝 뛰고, 소리를 지르는 등의 행동을 해도 금방 들뜬 감정에 도달할 수 있지요. 하지만 들뜬 감정은 얻기 쉬운 만큼 잃기도 쉽습니다. 마치 전기 스위치를 켜고 끄듯 한순간 나타났다가 금세 사라질 수 있어요.

반면에 열정 또는 고양된 감정은 한번 작동하면 멈추기

가 어렵습니다. 자신의 의지에 따라 언제든 켜고 끌 수 있는 게 아닙니다. 어떤 장애물을 맞닥뜨려도 끝까지 자신의 목표를 관철하게 해주는 힘이기도 하기에 매우 강력하지요. 열정으로 무장한 사람은 말 그대로 '불가능한' 일을 이뤄냅니다.

열정은 다음과 같은 말을 현실로 만듭니다. "무엇을 생각하고 무엇을 믿든, 마음은 그것을 이룰 수 있다." 열정은 여러분을 빛나게 해줍니다. 이런 빛나는 마음가짐은 남들에게 쉽게 전염됩니다. 여러분이 만나는 지인들이 여러분의 열정을 느끼는 순간, 그들은 그 열정을 자신의 것으로 받아들여 여러분에게 다시 보내줍니다. 성공한 영업직원들은 모두 열정이 풍부했습니다. 사실 어떤 분야에서든 성공한 사람들은 모두 열정이 풍부했다고 말해도 과언이 아닙니다. 열정은 내면의 정신을 활용하는 힘, 다시 말해 우리의 내면에 존재하는 위대한 지성의 힘을 활용하는 능력입니다.

이제 진정한 열정의 10가지 혜택을 말씀드리겠습니다.

1. 생각을 진동시켜 상상력을 더욱 신속하게 움직이게 해줍니다.

2. 마음에서 부정적인 감정을 덜어내고 그 자리에 긍정적인 감정을 채움으로써 내적인 신념을 겉으로 표현할 수 있게 해줍니다.

3. 소화 기관이 정상적으로 작동하는 데 도움을 줍니다.

4. 설득력 있는 목소리를 만들어줍니다.

5. 노동을 힘들고 단조로운 일로 생각하지 않게 해줍니다.

6. 매력적인 성품을 기르는 데 도움을 줍니다.

7. 자신감을 불러일으킵니다.

8. 신체 건강을 안정적으로 유지하는 일을 돕습니다.

9. 부정적 감정을 긍정적 감정으로 바꾸는 데 중요한 요인으로 작용합니다.

10. 뭔가를 바라는 데 필요한 힘을 제공함으로써, 잠재의식이 그 욕구를 이루기 위해 신속하게 작동하게 합니다.

절제된 집중력과 열정을 개발하고 싶은 사람은 다음 아홉 가지를 실천해야 합니다.

1. 명확한 목표를 세우고 목표 달성을 위한 계획을 수립합니다. 그리고 지금 당장 계획 하나를 실천에 옮깁니다.

2. 목표를 달성하겠다는 열정과 욕구를 지니고, 그 욕구

를 강렬한 열망으로 승화시킵니다.

3. 본인이 생각하는 목표와 이를 달성하기 위한 계획을 명확한 문장으로 옮깁니다. 목표를 이루기 위해 자신이 무엇을 포기하려 하는지도 함께 정리합니다.

4. 자신이 발휘할 수 있는 모든 열정을 동원해서 계획을 끈기 있게 추진합니다.

5. 비관주의자나 의욕을 꺾는 사람들을 멀리하고, 그들의 자리를 긍정적인 사람들로 채웁니다. 본인의 생각에 완전히 공감하는 사람들 이외에는 다른 누구에게도 계획을 공개하지 않습니다.

6. 명확한 목표의 특성상 이를 이루는 데 타인의 도움이 필요한 경우에는 도움이 될 만한 사람들과 연대합니다.

7. 일시적인 실패가 닥쳤을 때는 계획을 다시 검토하고 필요하다면 수정합니다. 하지만 목표 자체를 변경해서는 안 됩니다.

8. 계획을 실천에 옮기지 않은 채 하루를 의미 없이 흘려보내지 않습니다. 늘 열정을 발휘하는 습관을 굳히기 위해서는 신체적 활동도 지속해야 합니다.

9. 자기 암시는 어떤 습관을 개발할 때든 꼭 필요한 성공의 요인입니다. 명확한 목표가 반드시 이루어질 거라

는 믿음을 끊임없이 자신에게 주입해야 합니다. 항상 긍정적인 마음을 품으세요. 열정은 오직 긍정적인 마음 위에서만 자라날 수 있다는 사실을 기억하기 바랍니다.

열정은 내가 가진 마음과 생각이 물리적인 형태로 표현되는 방식이에요. 해낼 수 있다는 믿음을 바탕으로 존재하죠. 여러분이 명확한 목표를 세우고 이를 이루기 위한 구체적인 계획을 수립하는 순간, 그 즉시 열정이 탄생합니다. 또 열정은 나 자신과 '성취를 가능하게 하는 힘' 사이에 존재하는 관계의 자각이자 자신감이기도 합니다. 긍정적인 마음으로 열정을 품고 말하세요. 늘 자신감 있게 움직이고, 열정이 어떻게 자라나서 다른 사람들에게 전파되는지 지켜보기를 바랍니다.

이 순간 이후부터 여러분이 할 일은 열정을 표현하는 기술을 익히는 겁니다. 완벽한 경지에 도달할 때까지 연습하고, 연습하고, 또 연습하세요. 한 줌의 열정이 100만 달러의 지식과 맞먹는다는 사실을 기억해야 합니다. 열정을 자유자재로 다루고 표현하는 법을 배우지 않고는 인생을 잘 경영해 나갈 수 없습니다. 랄프 왈도 에머슨의 말과 함께 이

번 강의를 마무리하겠습니다.

"진정한 열정은 모든 위대한 성취의 필수 요건이다."

7장

역경이라는 바람을 타고
성공의 강을 건너라

: 상상력, 고난, 시간과 돈 다루기 :

"모든 역경에는 그것과 크기가 비슷하거나
더 큰 혜택의 씨앗이 숨어 있다는 진실을 포착하고
온 우주가 그 불변의 법칙에 따라 작동한다는 사실을
받아들인다면, 삶에 닥친 고난의 폭풍을 타고
성공을 향해 나아갈 수 있다는 자신감이 생길 겁니다."

진행자　　"상상력imagination은 성취를 위한 모든 계획이 만들어지는 작업장이다." 이 빛나는 격언이 기억나실 겁니다. 박사님이 책에 쓰신 말이니까요. 이 말에 관해서도 하실 말씀이 있지요?

나폴레온 힐　　네. 제가 그런 말을 했고 책에도 썼습니다. 조금 더 현실적으로 생각해 볼까요? 자, 이제 한 회사의 직원이 되었다고 가정하고 상상력을 마음껏 발휘해서 제가 던지는 질문에 답변해 보세요. 그 답변은 업무를 더욱 효과적으로 수행하게 해주는 계획이 되어야 해요. 잘 생각해 낸다면 월급이 오르는 건 시간문제일 겁니다.

- 어떤 업무든 일에 지장을 주지 않고 회사의 돈을 절약할 방법을 구상할 수 있는가?

- 회사가 제조하고 판매할 수익성 있는 제품을 제안할 수 있는가?

- 회사가 지역 공동체에 안겨주는 경제적 이득을 인식시킬 계획을 마련할 수 있는가?

- 직원들을 더 행복하게 일하게 해주면서 회사에도 도움이 될 만한 방법을 제안할 수 있는가?

- 자신과 함께 일하는 동료들의 평판을 높여줄 행동 규칙을 제안할 수 있는가?

- 기대 이상 해내는 습관과 긍정적인 정신 자세를 바탕으로 받은 것보다 더 많은 일을 훌륭하게 해내는 일의 장점 다섯 가지를 말할 수 있는가?

- 실용적인 언어로 성공을 정의할 수 있는가? 그 정의는 무엇인가? (다른 사람들의 권리를 침해하지 않으면서 삶에서 원하는 것을 무엇이든 얻어낼 수 있는 능력을 떠올려 정의 내려보자.)

- 승진 혹은 더 높은 급여를 얻어내는 데 필요한 태도와 행동을 꼽을 수 있는가?

- 다음 세 가지 질문에 답할 수 있는가? 첫째, 지금부터 5년 뒤에는 어떤 자리에서 일하고 싶은가? 둘째, 얼마

나 많은 수입을 올리고 싶은가? 셋째, 어떤 집에서 살고 싶은가?

- 누가 회사를 알린다고 여기는가? 직원인가 아니면 고용주인가?

- 현재 당신에게 가장 중요한 사람은 누구라고 생각하는가? (세상에 존재하는 모든 사람 중에 가장 중요한 사람은 바로 당신 자신이다.)

- 사람을 사귀고 관계를 유지할 때 지키는 규칙은 무엇인가?

- 관리자들과 친밀하게 협업하기보다 불평을 늘어놓고 사사건건 남의 흠을 잡음으로써 더 많은 것을 얻어낼 수 있다고 생각하는가?

- 자신의 의견에 동의하지 않는 사람들을 싫어하고 있는가?

- 본인의 가장 큰 장점과 가장 큰 단점을 알고 있는가?

- 자신이 통제할 수 있는 가장 큰 자산은 무엇이라고 생각하는가?

- 자신의 마음가짐을 자유자재로 통제할 수 있는가? 만일 그렇다면, 그 방법은 무엇인가?

- 타인의 사고방식에 따라 본인의 의견도 이리저리 흔

들리는 편이라고 생각하는가?

- 당신이 속한 산업 분야에서 가장 위대한 리더는 누구라고 생각하는가? 그 이유는 무엇인가?

강의를 잘 들었다가, 이 질문들에 올바른 답을 내놓도록 해보세요. 성공의 길로 향하는 데 필요한 상상력을 마음껏 발휘하는 능력을 개발하게 될 겁니다.

진행자　미처 생각해 보지 않았던 질문들이라, 조금 어렵게 느껴지기도 합니다. 오늘날 좀 더 많은 사람이 이러한 상상력을 발휘하지 못하는 이유가 무엇일까요?

나폴레온 힐　사실, 자아 성취 과학의 중요한 목표가 사람들을 상상력과 창의력의 세계로 인도하는 것입니다. 많은 이들이 자신의 상상력을 제대로 활용하지 않는 이유는 자아 성취의 과학을 배우지 않았고, 그 과학을 삶에 적용하는 방법도 알지 못하기 때문일 겁니다.

상상력은 마음의 작업장입니다. 그곳에서 과거에 했던 생각과 알고 있는 여러 사실이 새로운 방식으로 조합되어 우리의 삶에 활용되지요. 말하자면 생각과 지식의 재료들이 새롭고, 독창적이고, 합리적인 시스템으로 재구성되는 건설적이고 지적인 행위를 하게 되는 겁니다.

성공에 필요한 창의적 비전을 타고난 사람도 있겠지만 그렇지 않은 사람도 있을 거예요. 창의적 비전을 개발하기 위해서는 상상을 자유롭고 과감하게 활용해야 합니다. "상상력은 성취를 위한 모든 계획이 만들어지는 영혼의 작업장이다"라는 말도 그래서 나온 겁니다.

우리가 알고 있는 현대 문명은 남들의 비난을 두려워하지 않고 자신의 상상력을 마음껏 펼쳐나간 사람들에 의해 만들어졌습니다. 미국의 경우만 보아도 독립선언서에 서명한 순간부터 오늘날에 이르기까지, 창의적 비전을 세워 과감하게 행동한 선구자들의 노력 덕분에 발전해 왔음을 알 수 있죠. 비전을 지닌 사람들은 과거를 돌아보면서 미래를 내다봤습니다. 창의적 비전을 장려하는 정부 시스템과 자유 기업 체제 덕분에 풍요와 기회의 땅으로 발전했어요.

진행자　　　그럼, 이제 많은 분을 대표해 질문하겠습니다. 성공의 길로 향하는 데 꼭 필요한 상상력을 어떻게 하면 개발할 수 있을까요?

나폴레온 힐　　상상력에는 두 종류가 있습니다. 첫째, 통합적 상상력synthetic imagination입니다. 이미 알고 있는 아이디어, 개념, 계획, 사실관계 등을 새로운 순서로 배치하고 조합해서 새롭게 활용하는 겁니다. 사실 새로운 아이디어가 하늘에서 뚝 떨어지듯 갑자기 등장하는 경우는 그렇게 흔치 않습니다. 현대 문명에서 알려진 대부분의 과학적 사실과 아이디어는 예전에 있었던 재료들을 새롭게 조합해서 탄생한 결과물입니다. 그러니 이미 잘 알려진 사실도 어떻게 하면 새롭게 활용할 수 있을지 생각하며 주위를 잘 살피세요.

둘째, 창조적 상상력creative imagination입니다. 이는 우리의 잠재의식에 기반을 두고 있으며, 인간은 그 능력을 이용해서 예전에 한 번도 존재하지 않았던 새로운 아이디어를 생각해 냅니다. 더 많은 아이디어가 흘러넘치게 하는 방법으로 유효한 일은 차분히 자리에 앉아 내면에서 들려오는 작은 목소리에 귀를 기울이는 습관을 들이는 겁니다. 지금 필요한 창의적 비전을 생각해 내는 연습이기도 합니다.

마음은 사람에게 주어진 가장 위대한 선물입니다. 마음은 분석하고, 비교하고, 선택하고, 창조하고, 시각화하고, 예측하고, 생산합니다. 따라서 상상력 역시 마음의 훈련이고 도전이며, 모험이기도 합니다. 꾸준히 개발한 상상력은 삶이라는 이름의 강에서 실패의 기슭을 벗어나 성공의 기슭에 도달하게 해주는 중요한 힘이 됩니다.

진행자　사람들이 박사님의 성공철학을 공부하기 전에는 좀처럼 받아들이기 어려워하는 말이 있습니다. "모든 역경은 그것과 크기가 비슷하거나 더 큰 혜택의 씨앗을 품고 있다"라는 말입니다. 이 위대한 진실을 더 자세히 설명해 주시겠습니까?

나폴레온 힐　실패와 공포, 물리적 고통을 포함한 모든 형태의 역경에 그것과 비슷하거나 더 큰 혜택의 씨앗이 담겨 있다는 말은 틀림없는 진실입니다. 크고 작은 실패 없이 목표에 곧바로 도달한다면 오히려 삶은 몰락의 길로 향할지도 모릅니다. 어떤 종류의 역경과 마주치든지 간에 그 안에는 더 큰 혜택이 숨어 있다는 사실을 반드시 기억하기를 바랍니다. 긍정적인 사고와 행동 방식을 지닌 사람만이 그 씨앗을 찾아내어 성장의 동력으로 싹 틔울 수 있습니다. 삶에 영향을 미치는 모든 조건과 환경은 자신의 마음가짐으로 얼마든지 커다란 혜택으로 만들 수 있음을 하루빨리 깨달았으면 합니다.

몇 가지 예를 들어보겠습니다. 1778년, 영국의 찰스 콘월리스Charles Cornwallis 경이 조지 워싱턴이 이끄는 군대에 패배한 일을 생각해 보세요. 아마도 영국은 미국 독립전쟁에서 패한 일이 아무런 이득도 얻지 못한, 돌이키지 못할 손실이라고 생각했을 겁니다. 하지만 그 패배는 재앙을 가장한 축복이었습니다. 그 패배의 결과로 탄생한 미합중국이 제1차 세계대전과 제2차 세계대전에서 영국을 파괴의 수렁으로부터 건져냈기 때문입니다.

에이브러햄 링컨의 이야기도 생각해 볼 만합니다. 그는 젊었을 때 앤 러틀리지라는 여성과 사랑에 빠진 적이 있습니다. 아마도 그녀는 링컨이 사랑했던 유일한 여자였을 겁니다. 그러다 앤 러틀리지가 세상을 떠나자, 링컨은 너무도 크게 상심했고 당시 그의 친구들이 그가 정신이 나갔다고 생각했을 정도로 상태가 좋지 않았어요. 심지어 며칠 동안 행방불명되었다가 앤 러틀리지의 무덤에서 통곡하고 있는 모습으로 발견되기도 했죠. 하지만 링컨의 일대기를 저술한 많은 이가 간과한 것은 그가 연인의 죽음 앞에서 그토록 큰 슬픔을 겪지 않았다면 나중에 위대한 사람이 되지 못했을 거라는 사실입니다. 슬픔이 그의 영혼 속에 깊이 스며들어 위대한 대통령이 되는 데 자양분으로 작용한 거죠.

소설가 찰스 디킨스의 사례도 생각해 볼 수 있습니다. 그는 첫 번째 연인을 잃고 크게 상심했지만, 그 상실감을 딛고 일어서 글을 쓰는 데 몰두한 결과 불후의 명작으로 꼽히는 소설 《데이비드 코퍼필드》를 펴낼 수 있었습니다. 또 소설가 오 헨리의 사례도 생각해 보세요. 그는 한때 오하이오주 콜럼버스 감옥에 갇히기도 했지만, 그런 역경 속에서도 소설을 쓰는 일로 삶의 초점을 바꿔 수많은 불멸의 작품을 남겼습니다.

귀가 없이 태어난 제 아들 블레어의 이야기도 다시 꺼낼 수밖에 없겠습니다. 저는 아이가 그렇게 태어난 건 재앙이 아니라 축복이라 생각했고, 주위 사람들이 최선을 다해 아이에게 친절하게 대하는 모습을 상상했습니다. 그 상상은 현실이 되었죠. 저는 실제로 블레어가 자신에게 닥친 역경 덕분에 오히려 더 대단한 삶을 살 수 있었다고 이야기합니다.

제 경우에도 앤드루 카네기와 함께 일하기 시작한 초창기에 수많은 역경을 겪지 않았다면 성공에 이르는 자아 성취의 과학을 완성하지 못했을 거라고 분명히 말씀드릴 수 있습니다. 하나의 고난이 찾아온 뒤에 또 다른 고난이 연이어 찾아왔지만, 저는 그런 역경을 긍정적인 동력으로 바꿔 고난의 자리를 대신할 무언가를 찾아내는 법을 배웠습니다. 실패할 때마다 이렇게 되뇌었죠. '이건 내 성공철학으로 실패를 극복할 수 있다는 사실을 입증할 또 하나의 기회야.'

그 과정에서 일시적 패배와 영구적인 실패의 차이도 알게 됐습니다. 사람들 대다수가 한 번의 패배defeat를 영구적인 실패failure로 받아들입니다. 그러나 당사자가 인정하기 전까지는 한 번 패배한 상황은 실패가 되지 않습니다. 이것이 제가 역경을 통해 혜택을 얻는다는 성공철학을 정립하는 과정에서 가장 크게 깨달은 교훈입니다.

역경은 삶의 일부입니다. 우리 삶에서 일어나는 모든 상황에는 원인과 결과가 있지요. 역경이 닥쳤을 때, 그로 인해 어떤 결과가 생겨났는지는 누구나 쉽게 알 수 있습니다. 반면 역경의 원인은 포착하거나 이해하기가 어려운 경우가 많아요. 그럴 때마다 우리 마음속에서는 거센 반발심과 함께 '도대체 왜 이런 일이 생긴 걸까?' 같은 질문이 떠다니게 됩니다. 모든 역경에는 혜택의 씨앗이 숨어 있다는 진실을 포착하고 온 우주가 그 불변의 법칙에 따라 작동한다는 사실을 받아들인다면, 역경이 닥친 이유를 당장은 알기 어렵다 해도 삶에 닥친 고난의 폭풍을 타고 성공을 향해 나아갈 수 있다는 자신감을 가질 수 있을 겁니다.

여러분이 역경을 어떤 마음가짐으로 대하느냐에 따라 그

것이 삶에 긍정적인 영향을 미칠지 부정적인 영향을 미칠지가 결정됩니다. 한 차례의 실패는 여러분의 심리적 태도에 따라 성공의 디딤돌이 될 수도 있고, 도저히 넘지 못할 장벽으로 자리 잡을 수도 있습니다. 위대한 사상가 랄프 왈도 에머슨이 한 말을 기억합시다. "우리의 장점은 약점으로부터 자라난다."

세상에는 두 종류의 패배가 있습니다. 하나는 물질적인 경험과 관련된 패배입니다. 돈을 잃는 것, 직업을 잃는 것, 자신을 반대하는 사람들이 생겨나 일에 차질을 빚는 것이 물질적 패배에 해당합니다. 또 하나는 내면에서 발생하는 패배입니다. 다시 말해 여러분의 마음이 삶을 살아가는 데 필요한 힘을 상실해서 의기소침해지고 공포, 우려, 불안감 같은 감정의 지배를 받게 되는, 결국 모든 것을 포기하고 '단념'하는 상태에 이르는 상황이죠. 삶이라는 커다란 강물에서 강의 반쪽은 성공의 여정에 오른 사람들을 싣고 한 방향으로 흘러가고, 다른 반쪽은 단념해서 실패와 패배의 삶을 살아가는 사람들을 싣고 반대 방향으로 흐릅니다.

'삶의 강'을 그저 추상적인 개념으로 여기면 안 됩니다. 그것은 사고의 힘 속에 존재하며, 인간의 마음속을 도도히 흘러내립니다. 마음이야말로 우리가 누구에게도 침해받지 않는 완전한 통제권을 지닌 유일한 대상이라고 말한 것, 기억하고 있지요? 성공의 강기슭에 도달하기 위해서는 자아 성취를 위한 17가지 원칙 중 가장 앞서 이야기한 네 가지 원칙, '명확한 목표', '실천하는 믿음', '마스터 마인드', '기대 이상 해내기'의 습관은 반드시 필요합니다. 여러분이 이런 진실을 제대로 인식한다면 왜 그토록 많은 사람이 실패의 강기슭으로 몰려들었는지 이해할 수 있을 거예요. 그들은 이 네 가지를 중히 여기지 않았을 가능성이 큽니다.

성공철학의 원칙들이 짊어진 책임은 사람들에게 실패의 물줄기를 거슬러 올라 성공의 물줄기에 합류하는 수단을 제공하는 데 있습니다. 누구나 삶의 강물을 타고 흘러가노라면 어쩔 수 없이 실패의 흐름에 휩쓸릴 때가 한두 차례 있습니다. 때로는 자신이 직접 통제할 수 없는 외부 환경으로 인해 일시적 패배를 겪기도 합니다. 하지만 그런 역경 속에는 적어도 그것과 비슷한 크기의 성공으로 자라날 혜택의 씨앗이 숨어 있음을 믿어 의심치 마세요.

겸손한 마음 없이 이루어진 성공은 순간적이고 만족스럽지 못한 결과로 이어지는 경우가 많습니다. 인간에게 허락된 최고의 성공 훈련 도구인 어려움, 고생, 일시적 패배를 경험하지 않고 별안간 성공을 거둔 사람들의 모습에서 쉽게 찾아볼 수 있죠. 세간에서 성공으로 인정하는 업적을 성취한 모든 사람은 하나같이 성공의 크기에 맞먹는 패배를 경험했습니다. 그들은 역경의 바람을 타고 성공을 향해 노를 저어가는 법을 배우고 익힌 덕에 앞으로 나아갈 수 있었죠. 여러분도 충분히 그들처럼 될 수 있습니다.

신은 우리를 역경 속에서 더 강하게 성장하는 존재로 창조했습니다. 아무런 문제도 겪지 않고 삶을 살아가는 것은 오히려 매우 안타까운 일입니다. 문제를 겪지 않고는 성장할 수 없으니까요. 여러분이 팔을 튼튼하게 단련하고 싶다면, 팔을 사용하지 않고 몸 옆에 꼭 붙여두면서 계속 쉬게 해야 할까요? 그것이 팔을 튼튼하게 만드는 방법일까요? 10킬로그램짜리 아령이라도 들어 올리거나 체계적으로 사용해야 팔이 강해지지 않을까요? 저항이나 부하가 가해져야 근육이 튼튼해지는 법입니다.

여러분의 두뇌와 마음도 마찬가지입니다. 삶에서 겪는 고난은 선물과도 같습니다. 아마 저는 이 자리에 계신 여러분이 겪은 실패를 전부 합친 것보다도 더 많은 실패를 경험했을 겁니다. 수없이 많은 역경과 고난을 딛고 재기하는 과정에서 얻은 교훈이 없었다면, 지금 이 자리에 서서 여러분과 이야기를 나누지 못했을 겁니다.

문제가 닥쳤다고 상심하지 마세요. 여러분이 문제를 맞닥뜨린 데는 그럴 만한 이유가 있어서라고 생각하는 편이 낫습니다. 내면에서 최선의 노력과 투쟁을 통해 문제를 극복할 능력을 끌어낼 기회인 겁니다.

진행자　　　이제 자아 성취의 과학의 또 다른 관문에 도달했습니다. 여러분이 이 문을 통과한 뒤에는 시간을 최대한 활용하는 법, 그리고 자신이 번 돈을 더 고결한 목적을 위해 사용하는 법을 알게 될 겁니다. 저는 박사님의 이 말이 늘 인상 깊었습니다. "당신이 여분의 시간을 어떻게 사용하는지 알려주면 10년 뒤에 어디서 무엇을 하고 있을지 알려주겠습니다." 어떻게 그런 예측이 가능하게 됐는지 말씀해 주시겠습니까?

나폴레온 힐　　　먼저 사람들이 하루 24시간을 어떻게 사용하고 있는지 분석해 봅시다. 우리는 하루에 8시간 정도 잠을 잡니다. 그 시간에는 할 수 있는 일이 별로 없어요. 신체 건강을 지키려면 누구든 그 정도는 잠을 자야 하니까요. 그리고 대개 하루 8시간 일합니다. 생계를 해결하고 노후를 대비하기 위해서 그 정도의 노동은 필요합니다.

노동과 수면을 위한 16시간을 제하고 나면 오락과 여가에 활용할 수 있는 8시간이 남습니다. 이 시간은 마음껏 사용할 수 있는 나만의 시간입니다. 어떤 용도로 사용하든 철저히 내 의지에 따라 흘러가는 시간이에요. 바로 이 8시간이 성공과 실패를 가릅니다. 그 시간을 어떻게 사용하느냐에 따라 인생의 성패가 결정된다는 말입니다.

소득에 비례하는 소비 예산을 세우는 방법을 알아야 시간도 아낄 수 있어요. 이는 아무리 많은 돈을 벌어도 반드시 따라야 하는 규칙입니다. 수입에서 일정 비율의 금액을 따로 떼어 저축하지 않으면 곧 주머니가 텅 비게 될 것이므로 급여는 다음 세 가지 원칙에 따라 사용해야 합니다.

1. 총수입의 10퍼센트 내외는 의료보험료로 투자해야 합니다. 특히 아직 어린 자녀들을 두었거나 나중에 아이들을 학교에 보내야 하는 부모라면 더욱 그렇게 해야 합니다.

2. 의식주에도 일정 비율의 금액을 계획해서 사용해야 합니다. 그 금액은 소득 규모와 돈을 버는 능력에 따

라 달라질 수 있습니다.

3. 급여 일부는 반드시 돈을 불릴 수 있는 곳에 투자해야 합니다. 세상에서 크게 성공한 사람들은 자신이 자고 있을 때도 돈이 알아서 돈을 벌어들이게끔 만드는 법을 배운 이들입니다.

이 세 가지 원칙에 따라 급여를 할당한 뒤에 남은 돈이 있으면 여가와 교육, 비상금 항목에 지출해야 합니다. 여러분이 저의 권고를 귀담아들어야 하는 이유는 이런 체계적인 소비 예산 시스템을 바탕으로 삶을 통제하지 않는 사람에게는 나이가 들었을 때 자신을 보호해 줄 장치가 없기 때문입니다.

누구에게나 하루는 24시간 주어집니다. 그 시간을 좀 더 요령 있게 사용할 기회도 다른 사람들과 똑같이 주어져 있어요. 모름지기 사람은 자신을 둘러싼 세계와 늘 조화를 이루어야 합니다. 어떤 세대에 속해 있든 급속도로 변화하는 주위 세계의 흐름과 속도에 맞춰 공부하면서 살아가야 하는 겁니다. 교통·통신·자동화 기술이 우리를 정신없이 몰아붙이고 있죠. 열심히 노력한다면 변화하는 거센 파도 위에서 균형을 잡을 수 있어요. 예산을 세워 시간을 활용하는 방법은 습득하기 어려운 기술 중 하나지만, 제대로 익혔을 때는 그만큼 보상도 크게 따라옵니다.

떠돌이와 정착자 사이에는 큰 차이가 있습니다. 정착자는 명확한 목표를 세우고, 목표를 이루기 위한 계획을 수립하고, 계획을 실천하기 위해 늘 바쁘게 움직입니다. 주도적으로 생각하고, 옳든 그르든 모든 일에 철저히 책임을 지죠. 정착자는 자신이 선택한 일과 삶의 확실한 리더입니다. 따라서 새로운 길을 개척하고, 위험을 극복하고, 실수와 패배를 통해 배우는 일을 자랑스럽게 여깁니다.

반면 떠돌이는 진정으로 사고하지 않고 남들의 생각과 아이디어, 의견을 마치 자기 것인 양 받아들일 뿐입니다. 그렇기에 떠돌이의 운명은 정착자의 처분에 달려 있습니다. 떠돌이는 언제나 추종자입니다. 별다른 저항도 없이 남들의 꽁무니를 졸졸 따라다니며 삶의 모든 측면에서 똑같은 실수와 실패를 되풀이하죠. 시간을 허투루 쓰는 만큼이나 돈을 소비하는 데도 주의를 기울이지 않아요. 시간이 곧 돈이라는 사실을 깨닫지 못하므로, 그 두 가지 전부 무분별하고 가치 없이 낭비합니다.

앤드루 카네기는 이렇게 말했습니다. "돈을 포함한 모든 부의 가치는 어떻게 소유하느냐가 아니라 어떻게 사용하느냐에 달려 있다." 내게 주어진 여분의 시간은 대단히 소중한 것임을 다시 한번 자각해야 합니다. 그 시간을 얼마나 체계적으로 활용하느냐에 따라 성공이 좌우된다고 해도 과언이 아닙니다. 빈곤의 불편함과 불명예로부터 자신을 구해낼 방법은 분명히 있습니다. 시간의 가치를 인식하고 적절히 활용하는 법을 배우는 일부터 시작해야 합니다.

시간을 절약하고 돈을 아껴야 한다는 말만 들어도 머리를 감싸 쥐고 골치 아파하는 사람도 있을 겁니다. 세상 사람 누구나 시간과 돈을 자유롭게 활용하고 싶어 합니다. 하지만 정작 체계적으로 예산을 수립하고 시간과 돈을 절약할 계획을 세우는 사람은 많지 않습니다. 자기 절제를 활용하는 시간과 돈의 관리 시스템 없이는 경제적 독립과 심신의 자유를 얻고자 하는 갈망을 현실화할 수 없다는 사실을 잊지 마세요.

8장

긍정적으로 생각하되
정확하게 판단하라

∶ 긍정적 정신 자세와 정확한 사고 ∶

"긍정적 정신 자세는
'진정한 우정', '미래의 성취를 바라는 희망' 같은
돈으로 살 수 없는 무형의 풍요도 불러옵니다.
따라서 마음을 단단히 틀어쥐고 이끌어갈지,
아니면 그냥 방치한 채 흘러가는 대로 방황하게 둘지
스스로 결정해야겠죠."

진행자　　　오늘의 강의에서는 긍정적 정신 자세에 도달하기 위해 필수적으로 밟아야 하는 50가지 단계를 소개합니다. 힐 박사님, 준비되셨지요?

나폴레온 힐　　물론입니다. 그 전에 아셔야 할 게 있어요. 사람들은 태어날 때 두 개의 봉투를 들고나옵니다. 한 봉투에는 마음을 긍정적으로 활용함으로써 얻을 수 있는 온갖 혜택과 부의 목록이 들어 있습니다. 또 다른 봉투에는 마음을 긍정적으로나 건설적으로 사용하지 못할 때 받아야 하는 벌칙의 목록이 담겨 있어요. 자연은 나태함과 공허함을 싫어합니다. 모든 생물이 노력과 분투 속에서 힘과 용기가 자라나는 모습을 보고 싶어 하고, 모든 사람이 건설적으로 마음을 사용하기를 바라죠. 긍정적인 정신 자세에서 비롯된 행동 외에는 인간이 쏟은 어떤 노력도 가치 있는 성공으로 이어지지 않았으며 이는 앞으로도 마찬가지일 겁니다.

진행자　긍정적 정신 자세를 지니는 것은 자연의 순리를 따르는 것과 같군요.

나폴레온 힐　맞습니다. 긍정적 정신 자세는 '명확한 목표'를 기반으로 하고, '강렬한 열망'으로 인해 활성화됩니다. 그리고 그 강렬한 열망이 '실천하는 믿음'으로 바뀌면서 긍정적 정신 자세는 더욱 견고해집니다. 누구나 무언가를 막연하게 소망합니다. 아직 손에 넣지 못한 물건이나 이루지 못한 상황과 연관된 욕구를 안고 있지요. 하지만 자신이 원하는 구체적인 대상을 향해 단순한 바람이 아닌 강렬한 열망을 품은 사람은 전체 인구 중 일부에 불과합니다. 강렬한 열망을 품은 그들이 바로 '성공'을 이뤄낸 사람들이에요. 그중에서 실천하는 믿음도 소유한 사람들은 진정한 리더로 활동합니다.

　신에게 드리는 기도도 마찬가지예요. 긍정적으로 생각

하는 습관을 지닌 사람이 본인의 마음을 솔직하게 전달하는 기도가 가장 효과적입니다. 이 법칙은 인간관계에도 똑같이 적용되지요. 마음속에서 발생하는 생각의 진동이 상대방의 마음에 그대로 전달되니까요. 실력 있는 영업직원은 그 사실을 잘 알고 이용합니다. 그들은 자신의 마음을 길들이는 게 먼저라는 사실을 알고 있거든요.

또 부정적 정신 자세와 함께 자아 성취의 과학을 남에게 제대로 가르칠 수 있는 사람은 없습니다. 부정적인 미음가짐을 지닌 채 성공철학을 배워 이득을 얻을 수 있는 학생도 없어요. 긍정적인 마음의 도움 없이는 어떤 변호사도 배심원을 설득하지 못하고, 어떤 목사도 신도들을 감화시키지 못하고, 어떤 연설자도 청중에게 영향력을 미치지 못합니다. 가장 성공한 의사는 긍정적인 마음으로 환자들을 치료할 수 있는 의사라는 말도 있습니다. 우리의 잠재의식이 좋은 결과물을 만들어내도록 마음을 훈련하려면, 오직 긍정적 정신 자세를 지닌 채 마음에 지시를 내려야 합니다.

제가 가장 강조하고 싶은 성공 원칙이 바로 '긍정적 정신 자세'입니다. 모든 부와 행복의 출발점이기 때문이에요. 모든 사람이 부자가 되고 싶어 합니다만 장기간 지속되는 부를 구성하는 요소가 무엇인지 아는 사람은 별로 없습니다.

대다수가 부는 돈으로 살 수 있는 물질로만 이루어져 있다고 생각하지요. 과연 그럴까요? 장기간 지속되는 진정한 부를 이루게 해주는 12가지 덕목을 소개합니다.

1. 긍정적 정신 자세(가장 첫 번째 덕목이라는 사실에 주목해야 합니다.)
2. 건강한 몸
3. 조화로운 인간관계
4. 공포심으로부터의 해방
5. 미래의 성취에 대한 희망
6. 실천하는 믿음을 소유하고 활용하는 능력
7. 자신에게 주어진 축복을 남들과 기꺼이 나누고자 하는 마음
8. 사랑을 실천하는 태도
9. 모든 사람과 어떤 주제에 관해서도 기탄없이 대화를 나눌 수 있는 개방적 태도
10. 높은 수준의 자기 절제
11. 다른 사람들을 이해할 수 있게 해주는 지혜
12. 경제적 안정(돈이라는 물질적 요소가 가장 마지막에 자리 잡은 것에 주목하세요.)

긍정적 정신 자세는 '진정한 우정', '미래의 성취를 바라는 희망' 같은 돈으로 살 수 없는 무형의 풍요도 불러옵니다. 긍정적인 마음가짐을 지닌 사람은 하늘에 떠 있는 별, 아름다운 풍경에서도 풍요로움을 읽어냅니다. 또 다른 사람들과 똘똘 뭉쳐 목표를 향해 함께 나아가는 과정에서도 행복을 느낄 줄 알지요. 어떤 것을 보고 경험하는 데 있어서 긍정적 정신 자세를 지니겠다고 결정하는 건 온전히 나 자신의 몫입니다. 따라서 마음을 단단히 틀어쥐고 이끌어갈지, 아니면 그냥 방치한 채 흘러가는 대로 방황하게 둘지 스스로 결정해야겠죠.

우리는 어떤 상황이 닥쳐도 무슨 일이든 할 수 있습니다. 아무것도 하지 못하는 상황이란 존재하지 않아요. 매사에 부정적인 시각으로 사물을 바라보는 일도 뭔가를 하는 겁니다. 삶을 다스리기 위해서는 마음을 다스리는 법을 배워야 합니다. 여러분이 눈앞에 닥친 상황에 어떻게 반응하느냐는 자신의 마음가짐과 삶의 태도를 결정하는 습관이 무엇이냐에 따라 달라질 겁니다. 성공으로 향하는 길을 찾고 있나요? 긍정적 정신 자세가 여러분을 그 길로 이끌 겁니다.

이제 긍정적 정신 자세를 지니는 일의 아홉 가지 혜택을 살펴보겠습니다.

1. 마음을 통제할 수 있습니다.
2. 성공의 의식을 개발할 수 있습니다.
3. 걱정과 공포에 사로잡히지 않도록 마음을 보호합니다.
4. 실천하는 믿음을 발휘할 수 있습니다.
5. 침착하고 지혜롭게 대처하는 능력을 개발할 수 있습니다.
6. 한계와 불가능에 맞서는 강한 자아를 만나게 됩니다.
7. 사랑의 감정을 마음껏 표현하고 활용하게 됩니다.
8. 삶의 여정을 떠날 때 표를 직접 끊게 해주고 그 표의 값도 본인이 정한 값으로 치를 수 있게 합니다.
9. 진정한 삶의 목표를 인식하고 그 목표에 맞춰 살아갈 용기와 지혜를 가져다줍니다.

진행자　그렇다면 이제 긍정적 정신 자세에 도달하게 하는 50단계를 알려주실 차례입니다. 많은 분이 기다리고 있어요.

나폴레온 힐　네, 오늘 그 이야기를 듣기 위해 많은 분이 오셨다고 들었습니다. 여러분의 마음을 길들여서 언제 어느 때나 긍정적 정신 자세가 자동으로 표현되게 하려면 다음과 같은 50단계를 밟아야 해요.

- 1단계: 스스로 '마음의 주인'의 특권을 받아들입니다.
- 2단계: 본인이 자초했든 자초하지 않았든 간에 모든 역경과 패배, 실패에는 그 크기와 같거나 그보다 더 큰 혜택의 씨앗이 담겨 있으며, 그 씨앗은 언제라도 더 위대한 축복으로 피어날 수 있음을 인정합니다.
- 3단계: 실패로 얼룩진 마음의 문은 닫아걸고, 긍정적 정신 자세를 위한 마음의 공간을 마련합니다.
- 4단계: '기대 이상 해내기' 원칙을 실천함으로써 남들도 여러분이 바라는 것과 비슷한 혜택을 얻을 수 있도록 돕습니다.
- 5단계: 서로 페이스메이커가 되어줄 동료를 선택합니다.
- 6단계: 원하는 부의 규모를 결정하되 탐욕을 부리지 않습니다.
- 7단계: 다른 사람의 기분을 즐겁게 해주는 말과 행동을 매일 하는 습관을 들입니다.
- 8단계: 자신을 너무 극단적으로 몰아붙이지 않습니다.

- 9단계: 일상적 업무와 취미 생활을 하면서 사랑을 실천합니다.
- 10단계: 먼저 다른 사람들의 문제 해결을 도우면 자신의 문제에 대한 해결책이 떠오른다는 사실을 기억합니다.
- 11단계: 마음을 긍정적 정신 자세로 물들이려고 노력합니다.
- 12단계: 물질 재산을 포함해 보유한 모든 유무형의 자산 목록을 작성해 봅니다.
- 13단계: 상처를 주었거나 기분을 상하게 한 사람들에게 용서를 구합니다.
- 14단계: 이 세상에서 차지할 수 있는 위치는 본인이 수행하는 일의 품질과 그 일을 수행할 때의 심리적 태도에 좌우된다는 사실을 인정합니다.
- 15단계: 나쁜 습관을 끊어야 삶의 진정한 주인이 될 수 있음을 깨닫습니다.
- 16단계: 나의 완전한 동의 없이는 누구도 내 기분을 상하게 하거나, 분노를 일으키거나, 겁을 주지 못한다는 사실을 기억합니다.
- 17단계: 자신의 의지로 변화함으로써 사랑이라는 감정의 달인이 되는 법을 배웁니다.

- 18단계: 자신에게 의지하되 자기 연민의 감정은 제거합니다.
- 19단계: 이 50단계를 한 주에 한 번씩 6개월간 되새기며 늘 긍정적이고 희망적인 마음 상태를 유지하도록 연습합니다.
- 20단계: 늘 나 자신이 되기 위해 노력합니다.
- 21단계: 개성을 표현하는 옷을 신중히 선택해서 입습니다.
- 22단계: 랄프 왈도 에머슨이 쓴 책을 탐독합니다.
- 23단계: 죽음을 두려워하지 않는 용기를 키웁니다.
- 24단계: 주어진 삶의 환경과 조건을 자각합니다.
- 25단계: 타인에게 부당한 힘을 행사하려는 욕구를 본인의 마음을 더욱 효과적으로 통제하려는 의욕으로 전환합니다.
- 26단계: 원하는 것을 얻기 위해 마음을 항상 바쁘게 움직여서 원치 않는 것을 생각할 시간 따위는 없앱니다.
- 27단계: 매일 같이 기도함으로써 간절히 바라는 대상과 상황 쪽으로 마음을 유도합니다.
- 28단계: 삶에서 원하는 것을 이미 소유했을지도 모른다는 사실을 인식하고 소유한 것을 어떻게 활용할지 생각합니다.

- 29단계: 스스로 인정하지 않은 환경은 절대 받아들이지 않음으로써 변화에 대한 의지를 긍정적인 상태로 유지합니다.
- 30단계: 세상의 그 누구도 나를 대신해 내 삶과 관련한 결정을 내리지 않게 합니다.
- 31단계: 사람의 능력은 물질적 요소로만 이루어지지 않음을 깨닫습니다.
- 32단계: 뭔가를 얻기 위한 가장 좋은 방법은 먼저 주는 것임을 인정합니다.
- 33단계: 어떤 사람이 상처를 주거나 화나게 하면 먼저 자신의 심리적 장비를 돌아보고 약한 부분을 수리합니다.
- 34단계: 타인을 있는 그대로 바라보고 인내하는 습관을 들입니다.
- 35단계: 다른 사람을 위해 매일 한 가지 선행을 실천합니다.
- 36단계: 누군가 내게 호의를 베풀면, 더 큰 호의를 제공함으로써 빚을 갚습니다.
- 37단계: 50세가 넘어서 위대한 업적을 이룬 사람도 많이 있음을 깨닫고 나이가 드는 것에 대한 두려움을 지

혜로 바꾸기 위해 노력합니다.

- 38단계: '말보다는 행동'을 좌우명으로 삼습니다.
- 39단계: 모든 문제에는 해결책이 숨어 있음을 인정합니다.
- 40단계: 우호적이고 건설적인 비판을 열린 자세로 수용합니다.
- 41단계: 성공철학의 교훈을 가까운 이들과 함께 나눕니다.
- 42단계: 자아 성취의 과학이 표방하는 17가지 성공 원칙을 삶에 적용합니다.
- 43단계: 부정적 마음가짐을 지닌 사람들의 모습을 유심히 지켜보고 긍정적 정신 자세 개발을 향한 도전 의식을 가집니다.
- 44단계: 나보다 뛰어난 사람들을 부러워하지 않고 그들을 본보기로 삼습니다.
- 45단계: 무언가를 막연히 바라거나 희망하는 대신 목표를 달성하려는 강렬한 열망을 품고 긍정적인 정신 자세에 도달하기 위해 노력합니다.
- 46단계: 부정적인 대화를 삼갑니다.
- 47단계: 무한한 지혜를 향한 신뢰를 쌓아 올립니다.

- 48단계: 삶을 자유롭게 결정할 수 있는 능력은 인간에게 주어진 최고의 선물이라는 사실을 믿고, 적절한 행동으로 그 믿음을 증명합니다.
- 49단계: 국가적 노력으로 얻어낸 현대의 안정적인 삶의 방식, 자유의 가치를 믿습니다.
- 50단계: 함께할 동료를 현명하게 선택하고 서로 의지합니다.

이처럼 긍정적 정신 자세를 확립하는 방법이 50가지나 존재하므로 어떻게 해야 할지 모르겠다는 변명은 할 수 없을 거예요. 여러분의 동기를 조금 더 자극하기 위해 앞으로 이 50단계를 밟아나가면 어떤 변화가 찾아오는지 미리 알려드리겠습니다.

- 부정적 마음가짐은 어떤 힘도 발휘할 수 없다는 사실을 깨닫고 갈등과 패배를 걱정하는 마음의 문을 닫음으로써 마음의 풍요를 얻을 수 있습니다.
- 건강한 신체와 건강한 의식을 개발할 수 있습니다.
- 걱정과 우려를 다스리는 일의 달인이 될 수 있습니다. 걱정이 마음에 끼치는 피해보다 더 값비싼 대가는 없습

니다.

- 타인에게서 장점을 발견하는 습관이 생깁니다.

- 자신의 머리를 지배하는 생각을 통제함으로써 마음을 긍정적인 생각으로 채우고 부정적인 생각이 들어설 공간을 없앨 수 있습니다. 이를 가능하게 하려면 명확한 목표 위에 확고하게 자리 잡은 의지력을 활용해야 합니다.

- 입 밖에 내는 모든 긍정적인 언어와 태도가 성격의 한 부분으로 자리 잡습니다.

- 말할 때 미소 짓는 습관을 기를 수 있습니다. 말하는 사람이 얼굴에 미소를 지으면 어조가 부드러워지고 말의 내용이 바뀝니다. 누군가 이런 말을 남겼죠. "당신이 미소를 짓기 전까지는 아직 완전히 옷을 차려입은 것이 아니다."

- 감정을 통제할 수 있습니다.

- 영웅을 존경하는 마음가짐을 품을 수 있습니다. 긍정적인 정신 자세를 지닌 사람들은 역사적 인물 또는 현재 존경받는 인물의 영향을 받아 성장합니다.

- 긍정적 정신 자세에 도달하는 효과적인 방법은 '기대 이상 해내기' 습관을 들이는 겁니다. 직접적인 보상이

따르지 않더라도 사람들이 여러분에게 기대한 것 이상으로 훌륭하게 일을 해내기를 바랍니다.

진행자　힐 박사님이 하신 말 중에서 "당신이 오늘 한 생각이 내일 어떤 사람이 되느냐를 결정한다"가 특히 유명한데요. '정확한 사고'의 중요성을 일깨우는 말이라고 할 수 있습니다. 정확하게 생각하는 것에 관해 조금 더 자세히 설명해주시겠습니까?

나폴레온 힐　먼저 우리가 사실과 허구를 구분하려면 어떤 실험이 필요한지 살펴봅시다. 정확한 사고의 첫 번째 단계는 무엇이 사실이고 무엇이 허구인지 구분하기 위해 남에게 전해 들은 이야기가 부정확한 정보는 아닌지 판단하는 겁니다. 여러분이 신문에서 읽거나 텔레비전에서 보고 들은 이야기도 세심하게 그 진위를 파악해야 합니다. 보거나 들은 그대로 여과 없이 받아들이는 습관을 버릴 필요가 있어요. 신문에서 읽었고, 텔레비전에서 들었고, 다른 사람이 얘기했다고 해서 액면 그대로 믿어서는 안 됩니다. 이야기에 담긴 일부 정보를 고의나 실수로 덧칠하고 과장해서 이야기 전체가 진실인 듯한 인상을 심어주려는 사람들은 어디에나 있습니다.

그다음으로는 책에서 읽은 모든 내용을 세심하게 검토하는 작업을 거쳐야 합니다. 책을 쓴 사람이 누구든지 간에 다음과 같은 질문을 던져 만족스러운 대답을 하게 되기 전까지는 그 글을 있는 그대로 받아들여서는 안 됩니다.

- 저자가 책에서 다룬 주제에 관해 객관적으로 인정받는 권위자인가?
- 저자에게 정확한 정보를 전달하는 것 이외에 숨겨진 이익 추구의 동기가 있지는 않은가?
- 저자가 대중의 의견을 모으는 일을 업으로 하는 선동가가 아닌가?
- 저자에게 책에서 다룬 주제로 얽힌 이해관계가 있지는 않은가?
- 저자가 책에서 다룬 주제에 광적으로 집착하는 사람인가, 아니면 판단력을 지닌 사람인가?
- 저자가 책에서 주장한 내용을 객관적으로 검토할 수 있는 출처가 있는가?
- 저자가 그 주장을 하게 된 동기는 무엇인가?
- 저자가 진실하고 믿을 만한 사람인가?

- 저자가 무차별한 상상력을 발휘하는 버릇이 있지는 않은가?

또 타인에게 영향력을 끼치려고 애쓰는 사람을 만나면 스스로 판단력을 발휘해서 그 사람의 말을 신중하게 점검해야 합니다. 만일 그 말이 여러분의 이성과 조화를 이루지 못한다면, 무작정 수용하지 말고 더 자세한 검토가 이루어질 때까지 보류해야 합니다. 거짓된 말에는 듣는 사람에게 경고를 전하는 분명한 표시가 있기 마련입니다. 그 표시는 말하는 사람의 목소리일 수도 있고 표정일 수도 있습니다. 이를 알아차리는 직관력을 키우는 것도 중요해요. 또 사실 관계를 파악할 때는 어떤 진실을 얻으려 하는지 상대방에게 밝혀서는 안 됩니다. 상대방이 거짓을 진실로 포장해서 원하는 답을 주려고 할 수도 있기 때문입니다.

모든 생각에는 그 생각을 물리적 실체로 바꿔놓을 만한 힘이 내포되어 있습니다. 그리고 그 전환은 여러분이 열망하는 목표에 도달할 아이디어, 계획, 수단 등을 정확하게 생각해 낼 때 이루어집니다. 정확한 사고를 해내기 위해서는 다음 두 가지 기본 원칙을 따라야 합니다. 첫째, 사실과 사실관계에 기반을 두지 않은 단순 정보를 구분할 수 있는 능력을 갖춰야 합니다. 둘째, 사실을 중요한 사실과 중요하지 않은 사실, 또는 유의미한 사실과 무의미한 사실로 나눌 줄 알아야 합니다. 그래야만 정확하고 선명한 사고가 가능해집니다. 명확한 목표에 도달하는 데 도움이 되는 모든 사실관계는 중요하고 유의미합니다. 반면 목표에 도달하는 데 쓸모가 없는 정보는 중요하지도 않고 의미도 없습니다.

정확하게 생각하는 법은 얼핏 단순해 보이고 이해하기도 그리 어렵지 않지만, 막상 그 능력을 기르기는 쉽지 않습니다. 다른 사람들보다 훨씬 높은 수준의 자기 절제가 필요하기 때문입니다. 하지만 정확한 사고에 따르는 보상을 생각해 보면 이를 얻기 위해 열심히 노력할 가치는 충분합니다. 그 보상의 예로 마음의 평화, 심신의 자유, 자연의 법칙을 이해하는 지혜, 물질의 충족을 들 수 있어요. 정확한 사고의 능력은 돈으로 살 수도 없고, 남에게 빌릴 수도 없는 소중한 자산입니다.

그동안 과학자들은 자연의 심오한 비밀을 수없이 밝혀냈지만 인간이 소유한 가장 위대한 풍요로움의 원천, '생각하는 힘'의 비밀은 여전히 많이 풀지 못했습니다. 인류가 이 신성한 선물에 극도로 무관심했기 때문이죠. 사고 능력은 우리가 어떻게 사용하느냐에 따라 위험한 힘이 되기도 하고 유익한 힘이 되기도 합니다. 인간은 사고의 힘을 이용해 위대한 문명 제국을 건설할 수도 있고, 그 제국을 흙더미처럼 무너뜨릴 수도 있으니까요.

인간이 창조한 모든 것은 좋든 나쁘든 처음에는 생각의 패턴에 의해 만들어집니다. 모든 아이디어가 사고 행위를 통해 생겨나고, 모든 계획, 목적, 욕구도 사고를 바탕으로 이루어집니다. 생각은 지성과 결합할 수 있기 때문에 인간이 지닌 중요한 에너지가 되지요. 지성과 결합한 생각은 인간이 겪는 모든 문제에 해결책을 찾아냅니다.

비슷한 능력과 기회를 지닌 것처럼 보이는 사람이 더 뛰어난 성취를 보인다면, 그 사람이 여러분보다 훨씬 정확한 사고력을 소유하고 있을 가능성이 큽니다. 그다지 훌륭한 기회도 얻지 못했고 능력도 별로 뛰어난 듯이 보이지 않았음에도 결과적으로 큰 성공을 이뤄낸 한두 명의 인물이 생각날 겁니다. 그 이유가 궁금했겠죠. 그 사람들을 연구해보면 그들에게 자신의 분야에 영향을 미치는 중요한 사실 관계들을 찾아 조합하고 활용하는 습관이 있다는 사실을 알게 될 겁니다. 그들은 여러분보다 열심히 일하지 않습니다. 아마 더 적게 일하면서도 훨씬 수월하게 일할 거예요. 중요한 사실과 중요하지 않은 사실을 구분하는 법을 알고 있으니, 무거운 물건도 손가락 하나로 쉽게 움직일 수 있는 지렛대와 받침점을 손에 넣은 것이나 다름없습니다.

정확하게 사고하는 사람은 삶의 긍정적 진실과 부정적 진실을 모두 정확히 파악하고, 그 둘을 분리하고 체계화하는 책임을 스스로 감당하며 자신에게 필요한 생각만 취하고 필요하지 않은 생각은 거부합니다. 누군가에게 전해 들은 뜬소문에 동요하지도 않아요. 그러다 보니 감정의 노예가 아닌 주인으로 살아가죠.

성취가 수월해지는 이 성공철학의 힘을 이해하고 잘 적용하기를 바랍니다. 이 힘은 여러분의 마음속에 존재하는 능력의 보고寶庫에 잘 보관되어 있습니다. 정확한 사고는 풍요로운 뜰과도 같습니다. 체계적으로 잘 일구면 원하는 농산물을 생산하는 땅이 되겠지만, 그냥 내버려 두면 쓸모없는 잡초만 무성하게 자라날 겁니다.

어느 시대와 장소에서 살아가든 의연히 삶을 살아내고, 주도적으로 생각하고, 본인에게 필요한 습관을 스스로 개발하고, 남이 아닌 자신이 되기 위해 노력하는 사람을 만나는 것은 꽤 드문 경험입니다. 여러분이 가장 잘 아는 주변 사람들의 습관을 유심히 관찰해 보면, 그들 대다수가 다른 사람들의 종합적인 복제품에 불과하다는 사실을 깨닫게 될 겁니다. 그들에게는 자기 고유의 생각이라고 할 만한 것이 없습니다. 남들의 생각과 습관을 여과 없이 받아들이고, 이를 바탕으로 행동하는 게 익숙하기 때문이죠. 마치 양 떼가 무리를 따라 정해진 길 위를 줄지어 이동하는 모습을 연상케 합니다.

그런 가운데서도 어떤 이들은 정확한 사고를 통해 무리에서 벗어나 주도적으로 생각하고 과감하게 자기 자신이 되려고 노력합니다. 그런 사람을 만나면 꼭 눈여겨보시기를 바랍니다. 눈앞에 있는 그 사람이 자신만의 명확한 기준을 세워 삶을 성공적으로 일궈나가는 진정한 철학자니까요.

삶에서 성취하고 싶은 목표를 선택하세요. 또 그 목표와 가까워지는 유의미한 사실을 모아 정확하게 판단한 뒤 계획하세요. 긍정적 자각과 신념을 바탕으로 결승점을 향해 끊임없이 나아가야 합니다. 그렇게 해서 매번 강조해도 부족하지 않은 마음의 힘을 느끼고, 정확한 사고의 힘을 발휘해 성공의 길로 나아가는 겁니다.

9장

건강한 몸과 마음이
성공을 이끈다

: 건강 관리와 협업 :

"노동을 즐겁게 느낄 만큼의 건강,
어려움과 싸워 이길 만큼의 능력,
자신의 잘못을 시인하고 용서를 구할 만큼의 품위….
우리에게는 삶을 쌓아 올릴 생각의 청사진이 필요합니다.
늘 건강한 몸과 행복한 삶을 생각하시기 바랍니다."

진행자　　　좋은 건강, 행복한 느낌, 명료한 삶의 목적은 우리의 하루하루를 아름답게 만들어줍니다. 건강이 양호하지 못하면 삶의 향기가 흐려지지요. 성공철학의 원칙들을 삶에 조화롭게 적용하고, 모든 아이디어를 현실에서 힘차게 가동하기 위한 가장 중요한 촉진제는 바로 '안정적인 신체 건강sound physical health'입니다. 최근에 이런 말을 들었습니다. "목표를 향한 동기가 부여되도록 자신을 '프로그래밍'하고, 강력한 행동으로 그 목표를 떠받친다면, 무엇이든 달성할 수 있다." 우리를 프로그래밍하는 것은 마음의 기능이고, 행동을 실천하는 것은 몸의 역할이라는 뜻입니다.

　우리는 몸과 마음을 분리해서 생각할 수 없습니다. 마음의 건강과 활기에 영향을 미치는 것은 몸에도 영향을 미칩니다. 마찬가지로 몸의 건강에 영향을 미치는 것은 마음에도 영향을 미치죠. 인간은 몸과 마음이라는 별개의 요소가 합쳐져서 이루어진 존재가 아니라, 몸과 마음 그 자체가 바로 인간입니다. 동시에 인간은 우리가 살아가는 환경의 한 부분이기도 합니다. 나무, 산, 달빛 비치는 하늘, 살아 숨 쉬는 수많은 생물로 가득한 세계의 일원으로서 태어납니다.

살아가면서 세상의 영향을 받는 한편 세상에 영향을 주는 존재라는 사실을 자각하고, 주변의 세계를 찬찬히 들여다보면서 그 세계가 어떻게 기능하는지를 세심히 파악하면, 이런 특별한 존재인 우리 자신에 대한 지혜와 통찰을 얻을 수 있습니다. 그리고 세상과 싸우는 데 에너지를 소모하는 대신 삶이라는 이름의 강을 여유롭게 헤엄쳐 나가는 데 집중하게 됩니다.

힐 박사님을 대신해서 몸과 마음이 하나로 연결된 우리, 또 세상에 연결된 채 존재하는 인간에 관해서 이야기해 드렸습니다. 힐 박사님, 지속적인 성공을 이뤄 새상에 존재하고 기여하기 위해서는 안정적인 신체 건강이 꼭 필요하다고 강조하시는 이유를 이제 말씀해 주시겠습니까?

나폴레온 힐　오직 건강한 몸 안에 제대로 기능하는 마음이 깃들기 때문입니다. 건강한 몸은 우리가 형성한 습관에 의해 만들어져요. 신체 건강을 보장하는 몇 가지 습관을 알려드리죠.

건강한 몸은 건강한 생각으로부터 비롯됩니다. 건강하게 생각하는 습관을 만들기 위해서는 다음과 같은 태도가 필요합니다. 첫째, 가족·직장·인간관계에 불만을 품지 말아야 합니다. 둘째, 누군가를 미워하지 마세요. 똑같은 미움이 나를 향해 옵니다. 다른 사람을 험담하거나 모략하는 것도 어리석은 짓입니다. 남들도 여러분을 똑같이 험담할 겁니다. 셋째, 질병에 관해서도 함부로 이야기하지 말아야 해요. 자칫 걸리지도 않은 병을 멋대로 상상하는 건강 염려증을 불러올 수 있습니다. 넷째, 질투도 금물입니다. 질투는 자존감이 부족해서 생겨납니다. 질투를 포함한 모든 부정적 생각과 감정이 소화 기능에 지장을 초래합니다.

올바른 식습관을 유지하는 것도 중요합니다. 음식을 섭취할 때는 늘 편안한 마음을 가지기 바랍니다. 또 식사 도중에는 걱정과 불쾌한 감정을 멀리하도록 노력해야 합니다. 과식도 하지 말아야 해요. 음식을 너무 많이 먹으면 심장, 폐, 간, 신장 같은 내부 장기를 혹사할 수 있습니다. 과

일과 채소를 균형 있게 섭취하고 물을 충분히 마셔야 합니다. 물은 갈증을 해결해 주기 위해 자연이 선사한 천연 음료입니다. 빨리 먹는 습관도 몸에 좋지 않습니다. 씹는 기능에 지장을 주기 때문입니다. 끼니 사이사이에 사탕, 땅콩, 과자 등을 먹거나 탄산음료를 마시는 습관도 버리세요. 지나친 음주도 늘 경계하시기 바랍니다. 음식만으로 채우기 어려운 영양은 영양제로 보충하는 게 바람직합니다. 물론 의사의 처방을 받고 섭취해야 하고요.

휴식에 관해서도 얘기해봅시다. 건강한 몸을 유지하기 위해서는 일하는 양에 비례하는 휴식 시간을 확보해야 합니다. 가능하면 8시간 정도 잠을 자고, 본인이 통제할 수 없는 사안에 대해서는 걱정을 내려놓으세요. 기어코 문제를 찾아 나서면 조만간 그 문제가 정말 여러분을 찾아옵니다. 사람들은 두 가지 종류의 일을 걱정합니다. 자기가 뭔가 할 수 있는 일, 그리고 아무것도 하지 못하는 일입니다. 후자를 생각하는 데 시간을 낭비하지 마시기를 바랍니다.

중독성 약물도 피해야 합니다. 아스피린 같은 약에 지나치게 의존하지는 마세요. 건강한 몸은 습관적으로 찾는 약병에서 오는 것이 아니라 맑고 신선한 공기, 몸에 좋은 음식, 올바른 습관에서 온다는 사실을 기억하시기 바랍니다.

몸무게에도 신경을 써야 합니다. 체중이 너무 많이 나가는 사람은 대체로 수명이 짧습니다. 의사의 권고와 지시를 잘 듣고 소식과 단식에 도전해 보기를 바랍니다.

이제 건강한 몸은 건강한 의식에서 나오고, 건강한 의식은 건강을 생각하는 마음에서 나온다는 사실을 제대로 깨달았을 거예요. 다른 사람들과의 조화를 생각하기 전에 먼저 나 자신과 조화를 이뤄야 합니다. 셰익스피어가 이런 말을 남겼죠. "자신에게 진실하라. 그러면, 밤이 낮을 따르듯 분명하게, 다른 누구에게도 거짓을 말할 수 없으리라."

희망도 생각합시다. 희망을 잃은 사람은 길을 잃은 사람입니다. 건강한 몸은 희망을 불러오고, 희망은 다시 건강한 신체를 유지하도록 돕습니다. 최상의 행복은 아직 이뤄지지 않은 욕구를 성취할 수 있다는 희망으로부터 나옵니다. 미래에 자기가 원하는 사람이 될 수 있다는 희망을 잃은 사람, 과거에 한 실패에 얽매여 희망을 상실한 사람은 말로 표현하기조차 어려울 만큼 비참하고 가여운 존재입니다.

더 많은 축복을 내려달라고 떼쓰는 기도가 아니라, 이미 받은 축복에 감사하는 기도를 올리세요. 축복을 받은 적이 없다고요? 당연하게 누리는 자유로운 삶, 자기 주도성을 바탕으로 행동할 수 있는 권리, 경제적 자유를 쟁취할 기회, 양호한 심신의 건강, 삶의 앞길에 놓인 충분한 시간이 이미 주어진 축복에 해당합니다.

또 자기가 받은 축복을 남과 나누지 못하는 사람은 진정한 행복에 도달하는 길을 익히지 못한 사람입니다. 자신의 것을 남과 나누는 단순한 과정 덕분에 삶이 더욱 아름답고 풍요로워진다는 사실을 잊지 말아야 합니다.

그리고 일 역시도 명백하게 우리에게 주어진 축복입니다. 지구상에 존재하는 모든 생물체는 어떤 형태로든 일해야 하며, 그렇지 않으면 무의미한 죽음을 맞을 수밖에 없어요. 삶의 명확한 목표가 꼭 성취되리라는 희망을 지닌 채 일하면 억지로 괴로움을 참아내기보다 즐거움을 추구하며 자발적으로 일하게 됩니다. 일함으로써 경제적 안정과 신체적 건강을 얻을 수 있고, 소중한 가족에게도 도움을 줄 수 있음에 감사하면 됩니다.

건강한 몸은 마음과 정신이 편안히 활동할 수 있는 안식처가 되어줍니다. 건강한 정신은 오직 올바른 생활 습관을 통해서만 개발할 수 있습니다. 우리의 모든 습관은 '신비한 습관의 힘'이라는 자연의 법칙에 따라 영구적으로 정착되고 자동으로 운용됩니다. 신비한 습관의 힘은 지구상의 모든 생물에게 자신이 살아가는 환경의 한 부분이 되라고 주문하는 법칙입니다. 사고의 습관을 만들어내는 것은 여러분 자신일지 모르지만, 그 습관을 넘겨받아 자연의 법칙에 따라 끝까지 실천하게 하는 것은 신비한 습관의 힘입니다. 지금은 어렵고 생소하게 느껴질지 모르지만, 마지막 장에서 다시 이야기할 테니 조금만 기다려 주세요.

진행자　　몸과 마음이 하나라는 것, 신체 건강과 정신 건강이 서로 영향을 주고받는다는 사실에 관해 배웠는데요. 힐 박사님께서는 신체를 건강하게 유지하기 위해 감정도 잘 통제해야 한다고 말하신 적이 있습니다. 그 이야기가 빠질 수 없겠지요?

나폴레온 힐　　안 그래도 그 이야기가 등장해야만 했는데, 고맙습니다. 건강한 몸을 유지하기 위해서는 먼저 감정을 통제하는 능력을 길러야 합니다. 감정을 통제하지 못하는 사람은 천방지축으로 뛰어다니는 말의 고삐를 놓쳐버린 사람과 다를 바가 없습니다. '긍정적 감정'과 '부정적 감정' 두 가지를 다 통제할 수 있어야 해요.

대표적인 긍정적 감정 일곱 가지를 살펴보겠습니다.

1. 사랑

2. 성 에너지

3. 희망

4. 신앙심

5. 열정

6. 충성심

7. 갈망

다음은 부정적 감정 일곱 가지입니다.

1. 공포

2. 질투

3. 증오

4. 복수심

5. 탐욕

6. 분노

7. 미신에 대한 맹신

감정은 행동을 만들어내는 힘입니다. 감정을 얼마나 잘 통제하느냐에 따라 자신이 선택한 분야에서 최고의 위치에 올라설 수도 있고, 실패의 나락으로 굴러떨어질 수도 있지요. 부정적 감정만 통제의 대상이라고 믿는 사람이 있다면 지금 즉시 그 생각을 접어야 합니다. 긍정적 감정도 지나치게 날뛰면 '긍정적 정신 자세'를 파괴하는 막강한 힘으로 작용하니까요. 특히 사랑과 성(性)의 감정은 세심한 주의가 필요합니다. 그 두 가지는 모든 감정 중에서도 가장 힘이 셀 뿐 아니라, 통제에서 쉽게 벗어날 수 있기 때문입니다.

　삶에서 소망하는 것으로 마음을 가득 채우고, 소망하지 않는 것은 절대 생각하지 않는 습관을 들여야 합니다. 생각은 마음 안에 가장 크게 자리 잡은 상황이나 환경을 현실에서 그대로 재현하려는 습성이 있습니다. 늘 건강한 몸을 생각하고, 건강해지는 방법을 계획하고, 건강한 삶을 성취할 수 있다는 사실을 믿기 바랍니다. 그러면 여러분이 지닌 긍정적 감정이 올바른 길을 안내해 줄 겁니다.

　독일의 한 위대한 철학자는 건강하고 균형 잡힌 삶에 필요한 조건을 이렇게 이야기했습니다. "노동을 즐겁게 느낄 만큼의 건강, 삶의 필요를 충족할 만큼의 부유함, 어려움과 싸워 이길 만큼의 능력, 좋은 일이 생길 때까지 기다릴 만큼의 참을성, 자신의 잘못을 시인하고 용서를 구할 만큼의 품위, 이웃의 선한 면을 바라볼 만큼의 너그러움, 남들에게 유용한 도움을 베풀 만큼의 사랑, 신을 믿을 만큼의 신앙심, 미래에 대한 우려를 내려놓을 만큼의 희망(요한 볼프강 폰 괴테의 〈만족스러운 삶을 위한 아홉 가지 조건〉에 나오는 말—옮긴이)." 우리에게는 삶을 쌓아 올릴 청사진이 필요합니다. 이 철학자가 들려주는 삶의 신념이 여러분 자신의 신념을 개발할 때도 유용한 바탕이 되어주리라 믿습니다. 그 덕에 타인의 권리를 침해하지 않고도 자신이 원하는 방향으로 인생을 경영할 수 있을 겁니다. 또 이 신념을 매일 같이 반복해서 낭송한다면, 갈망하는 미래를 눈앞에 세워둘 수 있으며, 명확한 목표로 향하는 길에서 마주친 장애물을 극복하게 해주는 강한 힘도 얻게 될 겁니다.

다시 한번 강조합니다. 생각은 여러분을 질병으로 이끌수도 있고, 양호한 건강, 긍정적인 태도, 좋은 식습관으로 안내할 수도 있습니다. 언제나 건강한 몸과 행복한 삶을 생각합시다. 건강한 생각이 몸을 조화롭게 만드는 질서와 시스템을 구축합니다.

진행자　　이제 17가지 성공 원칙 중에서 '협업'을 이야기해 볼 차례입니다. 힐 박사님께서 이번 강의에서 중요하게 다루고 싶어 하셨죠. 어떻게 하면 일터에서 효과적으로 협업할 수 있을까요?

나폴레온 힐   협업은 직장뿐 아니라 가정·사회적 관계·정부·자유 기업 체제에서도 반드시 이루어져야 하는 활동입니다. 먼저 협업의 두 가지 형태를 분석해 봅시다. 협업에는 물리적 힘과 강제에 의한 협업이 있고, 개인의 동기에 기반을 둔 자발적인 협업이 있습니다. 협업은 앞서 말한 마스터 마인드 원칙과는 사뭇 다릅니다. 협업에도 여러 사람의 조직적 노력이 필요하지만 명확한 목표, 완벽한 조화, 단일한 목적이 반드시 동반되지는 않기 때문입니다.

마스터 마인드 원칙에 바탕을 두지 않은 협업의 사례를 살펴보겠습니다. 군대의 규칙에 따라 일하는 군인들은 동료들의 노력을 조직화해서 힘을 구축하지만, 모든 사람이 완벽한 조화 속에서 일해야 한다는 마스터 마인드 원칙을 꼭 따르지는 않습니다. 또 회사의 취업 규칙을 지키며 일하는 직원들, 국가의 법률에 근거해서 일하는 관료들, 변호사와 의사처럼 각 분야의 직업윤리에 따라 일하는 전문가들이 마스터 마인드 원칙 없이도 협업합니다.

그렇다면 협업이 명확한 목표와 조화의 정신을 바탕으로 마스터 마인드와 한데 어우러졌을 때 얼마나 위대한 힘이 생겨날지 상상해 보세요. 그 두 가지의 결합으로 인해 탄생한 힘의 사례를 몇 가지 소개합니다.

- 앤드루 카네기와 그의 마스터 마인드 연합은 다른 모든 직원과 조화롭게 일하며 철강 가격을 획기적으로 낮춤으로써 철강의 시대를 열었습니다.
- 헨리 포드는 미국 최저 임금이 하루 2.5달러에 불과하던 시절, 노동자들에게 지급하는 일당을 5달러로 인상하는 파격적인 임금 원칙을 수립했습니다.
- 아서 내쉬가 설립한 의류 회사는 파산 위기가 닥쳤을 때 조직 구성원들이 똘똘 뭉친 덕분에 위기를 벗어났습니다.

무엇이 조직의 성공적인 협업을 가능하게 할까요? 첫째, 급여 인상과 승진의 기회는 직원들이 고용주와 우호적으로 협업하도록 만드는 대표적인 동기입니다. 둘째, 자기 주도성, 매력적인 성품, 업무 실적을 인정받는 것입니다. 많은 사람이 돈보다도 인정과 칭찬을 받을 때 더 열심히 일한다는 것은 잘 알려진 사실이며, 저 역시도 그렇게 생각하고 있습니다. 셋째, 회사 내에서 부서 사이의 건전한 경쟁, 또는 부서 내에서 개인 간의 우호적인 경쟁을 장려하는 시스템도 협업을 이끄는 동기 중 하나입니다.

실제로 앤드루 카네기는 이 세 가지 동기를 바탕으로 직원들에게 협업 의욕을 불러일으켰습니다. 첫째, 승진과 보너스라는 금전적 동기를 제공했습니다. 둘째, '질문' 시스템을 만들었어요. 그는 어느 직원이든 절대 모욕적으로 꾸짖지 않았습니다. 대신 그들에게 세심한 질문을 던져 책망받아야 할 직원이 자신을 스스로 꾸짖고 잘못된 점을 깨닫게 했습니다. 셋째, 누군가 카네기의 일을 대신할 수 있도록 한 명 이상의 직원들을 교육했습니다. 그들 중 일부는 실제로 그 교육을 계기로 높은 자리에 오르기도 했습니다. 넷째, 절대 직원들을 대신해 의사결정을 내리지 않았으며 그들이 직접 결정을 내리고 그 결과에 책임지게 했습니다.

이처럼 성공하는 조직과 협업은 떼려야 뗄 수 없는 관계입니다. 협업의 성공 여부는 다음 여섯 가지 요건을 충족하느냐에 달려 있어요.

1. 조직을 이루는 모든 구성원이 자기만의 방법으로 조직 전체에 공헌할 수 있다는 사실을 받아들입니다.
2. 협업의 결과물로 발생한 혜택을 모든 구성원에게 제공합니다.
3. 모든 구성원에게 협업의 긍정적인 동기를 부여합니다.
4. 각 구성원이 자신의 특별한 재능을 발휘할 수 있는 협업의 방법과 절차를 체계화합니다.
5. 리더는 조직의 목표에 영향을 미치는 다양한 요인을 파악하고 조율하며 통합합니다.
6. 리더는 구성원들이 조화롭게 일하도록 독려합니다.

미국은 자기 주도성을 자유롭게 발휘할 권리를 부여받은 시민이 더 많은 소득과 개인적 성장을 추구하는 우호적인 협업 체제하에서 발전하고 있습니다. 미국이 자유롭고 풍요로운 나라라고 불리는 주된 이유도 바로 여기에 있죠. 본인이 선택한 협업의 방식에 따라 자기 주도성을 마음껏 발휘하세요. 마스터 마인드를 기반으로 이루어지는 협업은 개인의 위대한 힘을 한데 결집할 수 있는 효과적인 방법입니다. 역사적으로도 협업의 도움 없이 업적을 이룬 사람은 없었어요. 따라서 최고의 성공을 목표로 한다면 이 원칙을 필수적으로 따라야 합니다.

협업에 관한 지식을 익혔다면 이제 행동으로 표현해야 겠죠? 사랑과 우정이 그런 것처럼, 협업도 남에게 베풀어야 만 비로소 얻어낼 수 있습니다. 여러분의 세대를 이어갈 다음 세대의 젊은이들은 이 순간에도 열심히 선배들의 협업을 지켜보며 그 발자취를 따르고 있습니다. 그들의 삶은 지금 세대의 사람들이 어떤 유산을 남기느냐에 따라 달라질 겁니다.

한 노인이 외로운 길을 여행하다
춥고 어두워진 저녁 무렵
깊고 넓은 계곡에 이르렀네.
노인은 희미한 황혼 속에 골짜기를 건넜지.
하지만 건너편에 도착하고는 뒤돌아서서
흐르는 물 위에 다리를 놓기 시작했네.
"노인," 근처에 있던 순례자가 외쳤다네.
"당신은 다리를 놓느라 힘을 낭비하고 있군요.
날이 저물면서 당신의 여정은 끝날 것이고
다시는 이 길을 지날 일이 없을 것입니다.
당신은 깊고 넓은 계곡을 건넜습니다.

왜 저녁에 다리를 놓는 건가요?"

다리를 놓던 백발의 노인이 고개를 들고 말했네.

"친구여, 오늘 내가 지나온 길에

나를 따라오던 젊은이가 있었소.

이 강물은 나에게 아무것도 아니었지만

그 금발의 소년에게는 깊은 수렁이 될 수 있소.

그 아이도 희미한 황혼 속에 이곳을 건너야 하오.

친구여, 나는 그를 위해 이 다리를 놓고 있소."

_앨런 드롬굴, 〈다리를 놓는 사람〉

팀워크 정신과 인류를 향한 유대감이 충만하지 않은 사람은 협업의 원칙이 선사하는 혜택의 수혜자가 되지 못합니다. 탐욕과 이기심은 이 고결한 정신과는 거리가 멉니다. 상생의 철학이라는 황금률 위에 자리 잡은 시스템만이 망가지지 않고 오래 지속됩니다. 사실, 우리는 인간이 만든 어떤 시스템이든 오래 살아남기 위해서는 예의와 정의, 공정함과 같은 가치에 기반을 두어야 한다는 사실을 이미 잘 알고 있습니다. 그래야만 모든 사람이 자기가 속한 세계를 위해 흔들리지 않고 최선을 다해서 공헌할 수 있는 겁니다. 그런 의미에서 이 시스템은 '기대 이상 해내기' 원칙의 영원

한 동반자이기도 합니다.

협업하는 인간관계는 사이가 원만하고 조화로울 수밖에 없습니다. 여러분이 다른 사람들과 협업하면, 그들도 여러분과 협업합니다. 적극적이고, 자율적이고, 자유로운 분위기 속에서 협업 관계가 지속될 때 강력하고 장기적인 시너지가 생겨납니다. 조직에서 장기적인 협업을 유도하려면 구성원들에게 개인적인 의사에 따라 자유롭고 자발적으로 일할 수 있는 여건을 마련해 주어야 합니다. 인간이 지닌 대표적인 특성 중 하나가 개인적 자유를 추구하는 욕망, 그리고 자신이 선택한 방법에 따라 자기 주도성을 발휘할 자유에 대한 욕망을 소유하고 있다는 겁니다. 각 분야에서 가장 위대한 성공을 거둔 사람들을 유심히 관찰해 보면, 그들이 높은 수준의 협업을 이끄는 데 성공한 사람들이라는 사실을 깨닫게 됩니다.

구성원들의 끈끈한 팀워크는 언제 어디서나 성장과 발전의 근본 동력이 되어왔습니다. 우리가 '열정'이라고 부르는 마음의 상태를 나누게 되면 서로 친근함을 느끼고, 마음을 일치시키고, 우호적인 팀워크를 구축하는 게 가능해집니다. 우리 함께 아래의 경구들을 음미해 봅시다. 다른 사람들에게서 좀 더 우호적인 협업을 얻어내는 데 필요한 지혜와 용기를 얻을 수 있을 거예요.

- 타인의 지시를 받았을 때 잘 따르고 수행하는 방법을 모르면 타인에게 지시를 내릴 자격이 없다.
- 자발적인 협업은 지속적인 동기와 동력을 만들어내지만, 강제적인 협업은 결국 실패로 끝난다.
- 어떤 일을 하든지 다른 사람들과 우호적으로 협업하면 그들을 적대적으로 대할 때보다 큰 성과를 거둘 수 있다.
- 남들과 긴밀하게 협업하지 않고 성공하거나 성공을 유지하는 사람은 없다.
- 사람들 대다수는 명령보다 부탁을 받았을 때 더 우호적으로 반응한다.
- 상사의 지시를 위트 있게 받아들이지 못하는 사람에게는 좋은 기회가 주어지지 않는다.
- 늘 당신 자신의 협조와 동의 없이는 누구도 당신의 감정을 해치지 못한다는 사실을 기억하라.

10장

자동적 행동 패턴이
인생을 바꾼다

: 신비한 습관의 힘 :

"마음의 온전한 주인이 되어서
스스로 선택한 목표를 이루기 위해
체계적인 계획을 수립해야
자신이 원하는 삶을 살게 됩니다."

나폴레온 힐   이제 17가지 성공 원칙의 마지막, '신비한 습관의 힘'을 이야기할 시간입니다. 이 원칙을 마지막에 다루는 이유는 제가 마지막으로 발견한 중요한 원칙이기 때문이에요. 저는 앞서 말씀드린 16가지 원칙을 오랫동안 연구하고 가르쳐 오면서도 그들 사이에 뭔가 빠진 연결 고리가 있다는 사실을 인지하고 있었습니다. 이 성공철학이 특정한 시기에는 큰 효과를 발휘했지만, 어떤 시기에는 그렇지 못하기도 했기 때문이었죠. 하지만 이제 그 연결 고리를 발견한 덕분에 언제든지 이 철학을 완벽하게 활용할 수 있게 됐습니다.

  랄프 왈도 에머슨이 '보상'에 관해 쓴 글을 한번 읽어보기를 권합니다. 처음 읽을 때는 이해가 잘 안 될지도 모릅니다. 하지만 실망할 필요는 없습니다. 저도 그 글을 이해하는 데 10년이 걸렸으니까요. 에머슨은 대단히 깊고 위대한 정신의 소유자였습니다. 그의 철학은 보통 사람들이 이해하기에는 꽤 심오했어요. 그가 아이디어를 추상적 언어로 분해하는 능력이 뛰어나다 보니 그의 글을 처음 읽는 사람은 좀처럼 이해하기가 어려웠죠. 저는 시카고의 라살르대학교 사회교육원에서 홍보 관리자로 일하던 1913년, 처음 그의 책을 읽었고 읽기 시작한 뒤에는 매번 책장을 펼칠 때마다 '언젠가는 이 글을 직접 고쳐 써서 모든 사람이 이해하도록 만들 거야' 하고 생각했습니다.

1937년 제 책《생각하라 그리고 부자가 되어라》가 세상에 나왔을 때, 전국 각지의 수많은 사람이 제게 편지와 전화로 책이 출판된 사실을 축하해 주면서 책의 가치와 장점도 알려주었습니다. 그때 '내 책을 독자 관점에서 읽어봐야겠다' 생각하고《생각하라 그리고 부자가 되어라》를 읽기 시작했습니다. 마치 이전에는 한 번도 본 적 없는 내용인 것처럼 여기면서 읽어나갔죠. 절반쯤 읽었을 때 오래전 잠재의식에 심어 두었던, '언젠가 에머슨의 수필을 고쳐 쓰고 말겠다'는 결심의 씨앗이 제가 원하던 방식으로 싹을 틔우고 고개를 내밀었습니다.

처음에 그 씨앗은 일종의 '최면 리듬hypnotic rhythm'의 방식으로 다가왔습니다. 무엇이든 자연이 최면을 걸면 그가 속한 세상의 일부가 되는 것이 자연의 법칙으로 느껴졌죠. 저는 그렇게 발견한 법칙을 오랜 친구이자 조언자인 프랜시스 듀폰Francis I. Dupont에게 가져가 알려주었어요. 제 이야기를 들은 듀폰은 이렇게 말하더군요.

"이름이 잘못됐네요. 최면 리듬이라고 표현하면 '최면'이라는 단어 때문에 부정적 측면을 강조하는 듯이 들려요. 좀 더 긍정적인 측면을 찾아 이야기해 봅시다."

그러자 여러분께 이 이야기를 들려드리는 데 사용한 정도로 짧은 시간 안에 이 법칙의 긍정적인 측면인 '습관'이 떠올랐습니다. 그렇게 해서 탄생한 법칙이 자연의 모든 법칙을 총괄하는 원리이자 다른 모든 성공 원칙을 하나로 묶는 '신비한 습관의 힘'이었습니다. 마치 여러 가닥의 실을 꼬아 밧줄을 만드는 것과 비슷한 개념입니다. 개별적으로 존재할 때는 한 줄의 실에 불과했던 요소들이 서로 모여 밧줄이라는 이름의 총체적 관계를 형성하는 겁니다. 신비한 습관의 힘 법칙을 제대로 이해하는 사람은 그것이 우주와 자연을 이루는 지고한 원리라는 사실을 깨닫게 됩니다.

신비한 습관의 힘이 잘 작동되면 지금까지 제가 이야기한 성공 원칙들이 효과를 발휘합니다. 이 힘을 제대로 이해하면, 삶에서 크든 작든 명확한 목표를 세우는 일도 중요하지만 그 목표를 글로 옮기고, 기억에 주입한 뒤에 반복해서 낭독함으로써 잠재의식의 손에 넘겨주는 일이 왜 그토록 중요한지 알게 될 겁니다.

앞서 눈에 보이지 않는 제 안내자들을 말한 적이 있는데요. 누군가는 저를 이상한 사람이라고 생각했을지도 몰라요. 특히 '자기 암시'라는 개념을 잘 모르고 있다면 더욱 그럴 겁니다. 하지만 자기 암시와 신비한 습관의 힘을 안다면, 제가 삶에서 이루고자 하는 목표에 정신을 집중하기 위해서 자기 암시를 이용해 상상의 존재들을 만들어냈다는 사실을 비로소 이해할 수 있을 거예요.

오늘을 포함해 그동안 진행한 강의의 목표는 여러분에게 행복에 필요한 경제적 안정·신체적 건강·마음의 평화를 얻는 습관을 개발하도록 도움을 드리는 데 있습니다. 오늘 강의에서는 그 모든 습관을 영구적으로 정착시켜 주는 원리를 배워보겠습니다.

인간이라면 누구나 삶의 방식을 선택할 권리와 마음을

통제할 권리라는 선물을 받습니다. 게다가 그 선물로부터 최고의 혜택을 얻어낼 수단까지 제공받지요. 그 수단이 바로 신비한 습관의 힘이에요. 여러분이 어떤 습관을 선택해 개발하면 신비한 습관의 힘이 이를 넘겨받아 자동적이고 고정적인 행동 패턴으로 만듭니다. 어떤 식으로 자신을 바꾸고 싶어 하든, 그렇게 자연의 손에 맡겨진 습관이 영구적인 패턴으로 정착될 수 있다는 건 놀랍고 기쁜 일입니다.

또 한 가지 흥미로운 사실은 특정한 습관을 선택해 끊어낼 수도 있다는 겁니다. 지구상에서 그런 일이 가능한 존재는 인간밖에 없습니다. 사람보다 지적 수준이 낮은 동물은 본능에 따라 행동합니다. 자연에 의해 고정된 행동 패턴으로부터 한 발자국도 벗어나지 못하죠. 하지만 우리는 어떤 행동 패턴이든 원하는 대로 골라서 삶의 길잡이로 삼을 수도 있고, 수시로 그 패턴을 바꿀 수도 있습니다. 습관을 바꾸지 못하는 사람은 매우 불행한 사람이에요. 만일 자연이 선사한 모든 것을 그대로 받아들이기만 하고 한 점도 바꾸거나 수정하지 못한다면, 자아 성취의 과학은 아무런 쓸모가 없을 것입니다. 여러분이 자발적으로 개발한 습관을 이용해 삶을 변화시키지 않는다면, 이제껏 이야기 나눈 것들이 아무런 가치를 발휘하지 못할 거예요.

밤하늘에 떠 있는 별들은 고정적인 길을 따라 우주를 여행합니다. 천문학자는 별들의 움직임과 그들의 관계를 100년이나 200년 앞서 예측할 수 있어요. 우주가 고정된 패턴에 따라 운행되기에 가능한 일입니다. 우리는 이 우주에 엄밀한 법칙과 질서가 존재한다는 사실을 알고 있습니다. 그러나 앞서 이야기했듯이 오직 사람만이 자신의 행동 패턴을 스스로 만들어낼 수 있습니다. 그렇다면 신비한 습관의 힘을 잘 알지 못해서 이 성공철학의 혜택을 받지 못하는 사람들은 자신의 습관을 방치해서 어디에 고정하게 될까요? 고통, 불행, 공포, 실패, 빈곤 등 그들이 원치 않는 대상에 고정합니다. 매일 같이 마음을 지배하는 생각이 자신의 삶을 다스리는 습관으로 자리 잡는다는 것은 지금 여러분이 이곳에 있다는 사실만큼이나 확실합니다.

우리의 잠재의식은 1달러와 100만 달러를 구분하지 못하고, 성공과 실패의 차이를 알지 못합니다. 잠재의식이 이를 구별하는 데 관심이 없는 이유는, 우리가 이미 삶을 통제하는 데 필요한 힘을 갖추고 세상에 태어났기 때문입니다. 여러분 모두 태어나기 전에 벌어진 일과 세상을 떠난 뒤에 벌어질 일은 통제하지 못하지만 살아가는 동안에는 자신의 운명에 직접 영향력을 행사할 수 있습니다. 당연한 이야기 아니냐고요? 이 당연한 이야기를 제대로 의식한 적이 있는지 생각해 보세요.

신비한 습관의 힘은 자연의 법칙이기에 자연에서 일어나는 현상을 떠올려 보겠습니다. 한 해동안 계절은 규칙적으로 바뀌고, 땅에는 그 속에 심은 씨앗에 따라 각기 다른 식물이 자라납니다. 모든 생물의 생식 과정도 생각해 보세요. 작은 벌레와 눈에 보이지 않는 미생물에서부터 사람과 같은 고등 동물에 이르기까지, 심지어 소립자와 같은 물질까지도 모든 것이 자연의 법칙에 따라 각자의 습관대로 살아갑니다. 모든 생물이 신비한 습관의 힘 법칙 아래에 놓여 있는 겁니다.

자연의 법칙이니까 감성적인 접근이 필요할 것 같다고 생각하진 않았나요? 이 힘을 제대로 이해하고 활용하기 위해서는 오히려 냉정하고 계산적인 사고의 과정이 필요합니다. 성공철학을 접한 뒤에 "나도 그 생각에 동의해"라고 말하기만 하고 아무런 행동을 취하지 않는다면, 다시 말해 긍정적인 습관과 행동 패턴을 개발하지 않는다면 앞서 배운 16가지 성공 원칙은 아무런 도움이 되지 않을 겁니다. '자기 절제'를 발휘해 구축한 습관은 반드시 내가 지닌 '열정'의 크기만큼만 신비한 습관의 힘의 손에 넘어간다는 사실도 잊지 마세요.

진행자 많은 분이 자신이 직접 습관을 개발할 수 있고 그 습관을 실천하는 데 도움을 주는 자연의 법칙이 있다는 근본적 진실을 이제라도 깨닫게 되어 다행이라고 생각할 겁니다. 그렇다면 이제 신비한 습관의 힘을 잘 활용하려면 어떻게 해야 하는지 알려주시겠습니까?

나폴레온 힐 신비한 습관의 힘 법칙을 활용하는 세 가지 방법을 말씀드리겠습니다. 첫째, 이 법칙을 활용하려는 목적을 직접 수립해야 합니다. 직접 지침과 방향을 정하지 않으면 신비한 습관의 힘은 아무런 혜택을 주지 못합니다. 지침과 방향을 정한다는 것은 자신이 성취하고자 하는 목표가 무엇인지 파악하고, 이를 잠재의식의 손에 넘기기 위해 꾸준하고 반복적으로 어떤 행동을 할 것인지 계획한다는 뜻입니다.

둘째, 성취하고자 하는 목표의 특성과 범위에 따라 체계적인 계획을 수립해야 합니다. 최근에 제 팬이었다고 말하는 어떤 사람에게서 전화가 걸려와 대화를 나누었습니다.

"힐 선생님, 저는 선생님의 성공철학에 크게 실망했습니다."

"그래요? 조금 자세히 말씀해 보세요."

"6개월 전에 《생각하라 그리고 부자가 되어라》를 읽게 됐습니다. 두세 번을 읽었어요. 그리고 선생님께서 책에서 얘기하신 대로 명확한 계획을 세워 종이에 적었는데도 아무런 효과가 없었어요. 그래서 책에 대한 신뢰가 사라졌습니다."

"그 계획이 뭔가요? 한번 얘기해 보세요."

"제 계획은 1년 안에 100만 달러를 버는 겁니다."

"그렇군요. 그런데 그 계획을 이루기 위해 어떤 것을 포기할 생각인가요?"

"제가 가진 모든 것이요."

"그렇게 말하는 걸로는 부족합니다."

그 사람은 성공철학의 개념을 완전히 오해하고 있었습니다. 그리 흔하지는 않지만, 간혹 이 성공철학을 계속 읽기만 하면 마치 요술을 부리듯 순식간에 성공을 손에 넣을 수 있다고 생각하는 사람들이 있습니다. 그들에게는 실제로 아무런 구체적 계획이 없어요. 성공은 그런 식으로 얻어지는 게 아닙니다.

　창조주가 우리에게 마음을 완벽하게 통제할 힘을 선사한 이유가 무엇이라고 생각합니까? 그 특권을 효과적으로 활용하기를 원했던 것 아닐까요? 우리가 그 힘을 게으르게 낭비하는 모습을 보려고 선물한 게 아니라는 겁니다. 마음이라는 단 하나의 대상에 대해서만 인간에게 완전한 통제력을 허락한 이유는 우리에게 필요한 것이 오직 그것뿐이기 때문입니다. 여러분이 마음의 온전한 주인이 되어서 이 성공철학에 따라 스스로 선택한 목표를 이루기 위해 체계적인 계획을 수립해야 자신이 원하는 삶을 살게 됩니다.

　셋째, 성취하고자 하는 삶의 목표를 마음속에 끊임없이 주입해야 합니다. 제가 눈에 보이지 않는 안내자들을 창조해서 활용하는 이유도 여기에 있죠. 하루 내내 잠재의식을 향해 제가 무엇을 원하는지 읊어대고 있을 수만은 없으니까요. 저 대신 그 일을 하는 것이 제 안내자들의 역할입니다. 여러분도 열정으로 고무된 감정 상태를 유지하면서 삶의 목표를 자신의 마음에 끝없이 상기시켜야 합니다. 그래야만 그 목표를 이루는 데 필요한 습관이 잠재의식 속에 선명하게 자리 잡게 됩니다.

열정 이야기가 나온 김에 한마디 더 하자면, 열정이 자신의 통제를 벗어나 마구 날뛰는 일의 위험성은 아무리 강조해도 지나치지 않습니다. 지나치게 강한 열정은 지나치게 약한 열정 못지않게 위험합니다. 둘 중의 하나를 골라야 한다면, 저는 차라리 후자를 선택하겠어요. 지나친 열정은 위험합니다. 자아를 잃어버릴 정도로 흥분된 상태에 빠져 마음의 문을 활짝 열어두면, 마음의 작동 원리를 잘 알고 이용하려는 나쁜 사람이 그 문이 열려 있는 틈을 타 냉큼 들어앉을 수도 있으니까요.

저도 아주 오래전에 그런 안타까운 상황을 스스로 만들어낸 적이 있어요. 친구였던 작가 엘버트 허버드Elbert Hubbard가 루시타니아호에 탑승했다가 배가 침몰하면서 세상을 떠나는 일이 생겼습니다(제1차 세계대전이 진행 중이던 1915년, 민간 선박인 루시타니아호가 아일랜드 해안을 항해하다 독일 잠수함의 공격을 받아 침몰한 사건을 말함—옮긴이). 그의 도서 담당자들은 엘버트가 세상을 떠나자마자 그가 남긴 작품들을 모아《작은 여정Little Journey》이라는 작품집을 발간하느라 바빴습니다. 제 이름도 당연히 그의 우편물 수신자 명단에 들어 있었기 때문에, 그들은 제게 편지를 보내 원한다면 고故 엘버트 허버드의 서명이 담긴 그의 사진을 보내주겠다고 했습니다. 저는 물론 받겠다고 했어요.

얼마 뒤에 활기 넘치는 영업직원 두 사람이 엘버트의 서명이 담긴 사진을 들고 저를 찾아왔습니다. 그중 한 명은 노련한 고참 직원이었고, 다른 한 명은 수습 직원이었습니다. 말하자면 경험 많은 직원이 신출내기 직원에게 영업하는 방법을 교육 중이었던 거죠. 그들은 제가 주문한 엘버트의 사진을 전해주러 왔다고 말했습니다. 아, 저는 그 사진을 보고 너무도 감동했습니다. 그래서 마치 제가 영업직원인 양 그 사진에 대해 찬사를 늘어놓으며 한참을 이야기했죠. 제 말이 끝나자 노련한 영업직원이 이렇게 말하더군요.

"힐 선생님, 선생님은 사진뿐만 아니라 친구분의《작은 여정》작품집 전체를 원하시는 듯하네요. 여기 주문서가 있습니다. 가격이 조금 비싸기는 하네요."

그제야 아차 싶었습니다. 상대방의 말을 차분히 듣기보다 제 말만 늘어놓으면서 지나친 열정을 드러냈던 거죠.

최근에 어떤 사람이 제게 한 말이 기억납니다. "사람의 머리에는 구멍이 네 개 있습니다. 그중 세 개는 지식을 안으로 받아들이는 용도로 사용하고, 나머지 하나는 지식을 밖으로 드러내는 데 씁니다. 따라서 어느 구멍을 통해 지식을 내보내야 할지 늘 주의 깊게 생각해야 합니다." 듣고 말하는 행위를 비유적으로 표현한, 누구나 깊이 새겨들어야 할 말이라고 생각합니다.

말을 많이 하는 것은 절대 금물입니다. 초보 영업직원이 저지르는 가장 흔한 실수는 제품을 팔 때 오로지 본인 말만 한다는 겁니다. 상대방에게 질문을 던진 뒤에 잠재고객이 대신 말을 하게끔 하는 게 가장 훌륭한 영업 전략이라고 알려드렸던 것을 기억하지요? 물론 처음에는 적절한 말로 잠재고객을 만족시켜야 하겠지만, 그 뒤에는 상대방의 마음이 어떻게 움직이는지 정확히 알아내는 일이 더 중요합니다.

세상에서 가장 신비로우면서도 복잡하고 이해하기 어려운 일이 바로 사람의 마음이 어떻게 작동하고, 우리가 그 마음을 이용해서 어떤 일을 이룰 수 있는가의 문제입니다. 만일 상대방의 마음이 여러분이 짜놓은 각본대로 흘러가지 않는다면, 제가 강의할 때 사용하는 방법처럼 레코드를 뒤집어서 뒷면을 틀고 속도를 조절해야 합니다. 저는 수천 명의 청중 앞에서 강의하는 도중에 제 강의를 향한 부정적인 반응이 조금이라도 느껴지면, 그게 어디서 나타나고 있는지 정확히 짚어낼 수 있습니다. 그러면 바로 하던 말을 멈추고 속도를 조절하죠. 누군가를 설득할 때도 똑같이 행동합니다. 상대방에게 자신의 말이 먹히지 않는다는 사실을 알면서도 혼자만 떠들어대며 남을 지루하게 하는 것만큼 쓸모없는 일은 없습니다. 자신의 말에 진심으로 귀 기울여주는 사람들과 조화를 이루기 전까지는 그렇게 시간을 낭비하게 될 가능성이 있으니 주의하세요.

수많은 위대한 인물을 분석해서 발견한 뜻밖의 중요한 사실은 실패의 빈도와 규모가 성공의 크기와 비례하지 않는 사람은 단 한 명도 없었다는 것입니다. 실패, 고난, 역경은 모두 우리에게 주어진 크나큰 축복입니다. 고난과 실패 같은 불쾌한 상황을 요긴한 디딤돌로 활용하는 법을 배운 사람은 성공을 향한 고속도로에 올라섰다고 할 수 있습니다. 인간이라면 누구나 역경을 겪지요. 아무도 그런 운명을 피해 가지 못합니다. 태어나서 한 번도 패배하지 않고, 실패하지 않고, 역경도 경험하지 않은 사람과 함께 사는 모습을 상상할 수 있나요? 그런 사람과는 오히려 함께 어울려 살아가기 어려울 겁니다.

의외로 이 성공철학 과정을 가장 빠르게 흡수하는 사람들은 주로 수많은 실패를 겪은 사람들입니다. 그런 실패를 겪으며 자신이 모든 해답을 알지 못한다는 사실을 깨닫고 외부의 도움이 필요하다는 것도 인정하게 되었기에 그렇습니다. 저 역시 아무것도 필요한 게 없고 원하는 것도 없는 사람들에게는 도대체 어떤 일을 해주어야 할지 잘 모르겠습니다. 그런 사람들에게는 성공철학이 필요하지 않아요. 그러나 여러분은 그렇지 않을 것이라 믿습니다.

10년 전쯤 시카고에서 강의할 때 학생 한 명과 이런 대화를 나눴어요.

"힐 선생님, 저는 제 아내도 이 수업에 데려오고 싶습니다. 그런데 아내는 제 말을 듣지 않을뿐더러 그런 곳에 돈을 낭비하느니 그 돈으로 차라리 새 카펫을 사겠다고 말하면서 비웃어요. 어떻게 하면 아내를 여기에 데려올 수 있을까요?"

"저는 당신의 아내를 잘 모릅니다. 그래도 이렇게 한번 해보세요. 《생각하라 그리고 부자가 되어라》한 권을 사 들고 코트 아래에 감춘 채 집으로 돌아가세요. 당신의 아내는 안 보는 척해도 그 모습을 다 보고 있을 겁니다. 방에 들어가 서랍에 책을 넣어 두고 열쇠로 잠근 뒤에 열쇠를 코트 주머니에 집어넣는 거예요. 그 뒤에는 그 방에서 빨리 빠져나오세요. 매일 저녁 수업을 마치고 집으로 돌아가면 잠자리에 들기 전에 몰래 서랍을 열어 책을 들고 욕실로 가서 한동안 읽고 나와 다시 서랍에 넣어두는 겁니다."

"왜 그렇게 해야 하죠?"

"차차 알게 될 겁니다."

그런 행동을 세 번째 반복하고 난 다음 날, 그가 집으로 돌아왔을 때 아내는 무얼 하고 있었을까요? 서랍을 강제로 열어 책을 꺼내 침대에서 읽고 있었습니다.

"이 책이 이런 내용이라고 왜 얘기 안 했어요?"

"얘기했는데도 당신이 듣지 않았잖소."

여러분 중에 송어 낚시를 하는 분이 계실까요? 저는 예전에 한번 해봤는데요. 처음에는 송어가 숨어 있을 만한 통나무 아랫부분에 미끼를 던지면 효과가 있으리라고 생각했어요. 그러다 그게 송어가 원하는 바가 아니라는 것을 곧 깨닫게 됐죠. 이 물고기는 여러분이 눈앞에 미끼를 가져다 놓지 않아도, 자기가 스스로 먹이를 찾아낼 정도로 똑똑하다는 사실을 알리고 싶어 합니다. 누군가 던져둔 먹잇감 뒤에는 낚싯바늘이 기다리고 있을지도 모른다고 의심하기 때문이죠. 사람도 마찬가지입니다. 남들에게 너무 쉽고 빠르게 혜택을 제공하면, 그들은 뭔가 잘못됐을지도 모른다고 의심합니다. 여러분 자신도 그렇지 않나요? 어떤 사람에게 뭔가를 깨닫게 해주고 싶다면, 그가 깨달음에 도달하는 과정을 조금 어렵게 만들어줄 필요도 있습니다.

시카고에 있는 브라이언트 앤드 스트래튼 칼리지^{Bryant} ^{and Stratton College}에서 광고 분야 영업사원 양성 과정을 맡아 강의하던 때의 일입니다. 오클라호마 출신의 한 젊은 의사 가 제 교육 과정에 등록하고 싶다며 찾아온 적이 있어요.

"힐 선생님, 저는 의과대학을 막 졸업한 사람입니다. 하 지만 광고 분야에서 일해보기로 마음먹고 선생님의 수업을 들어볼까 하고 왔어요. 제가 이 과정에 등록해야 하는 이유 를 저에게 설득시켜 보시죠. 선생님이 영업의 전문가라는 사실은 잘 알고 있습니다. 이제 저를 상대로 영업을 시작해 보세요. 저는 준비가 됐습니다."

여러분은 제가 어떻게 했을 것 같나요? 저는 그에게 이렇 게 말했습니다.

"당신은 이 교육 과정의 운영 규칙을 잘 모르는 것 같네 요. 저는 광고업이 본인에게 꼭 필요한 분야라는 사실을 입 증하는 분만 이 과정에 등록시킵니다."

그 젊은 의사는 꽤 당황한 눈치였습니다. 그래서 제가 말 을 이어나갔죠.

"제가 당신에게 이 과정에 등록해야 할 이유를 이야기하기 전에, 당신이 이 수업을 들어야 하는 이유를 설득시켜 보세요. 당신은 의학을 공부하느라 적어도 4년 이상 대학을 다녔을 것이고 학비로 수천 달러는 썼을 겁니다. 그렇게 많은 시간과 노력을 쏟았음에도 이 과정에 꼭 등록해야 하는 결정적인 이유를 말해주지 않는다면, 저는 당신이 그동안 투자한 모든 것을 포기하고 이 수업을 들어야 한다고 조언하지 않을 겁니다."

그러자 그는 자신의 이야기를 털어놓기 시작했습니다. 30분 넘게 말을 이어갔어요. 이야기를 끝맺을 때쯤에는 이렇게 말했죠.

"힐 선생님, 고객을 설득하는 이야기를 포함해 제게 들려주신 이야기가 유익합니다. 신청서를 주실 수 있나요? 등록할 준비가 됐습니다."

굉장하지 않나요? 이처럼 상대방이 대신 말하게 하는 방법은 늘 효과가 있습니다. 혼자만 말을 늘어놓지 말고 상대방에게 말할 기회를 주세요. 여러분이 입을 열 때는 속마음이 근처에 있는 사람들에게 고스란히 전해진다는 사실도 꼭 기억하시기를 바랍니다.

열정에 관해 이야기하다 보니 여기까지 왔네요. 이렇게 해서 여러분이 제게서 듣고 싶어 했던 이야기를 전부 말씀드렸습니다. 이것으로 강의를 마칩니다. 대단히 감사합니다.

진행자 제가 보니, 지금까지 자아 성취의 과학 강의에 참여하신 분들은 적정한 열정으로 고무된 채 경청하신 듯합니다. 한 가지 권해드린다면, 이제 자리에 조용히 앉아 삶의 명확한 목표를 적어보시라는 겁니다. 명확한 목표도 없이 결승점을 향해 막연히 달려나가는 것은 아무 의미가 없는 일이라는 걸 깨달으셨을 테니까요. 그 명확한 목표는 무엇이 됐든 삶에서 항상 이루고 싶었던 일들로 채워져야 합니다. 목표를 글로 옮긴 뒤에 매일 아침저녁으로 소리 내어 낭독하는 일도 중요합니다. 이제는 습관과 잠재의식의 강력한 힘을 잘 알고 계실 거예요. 앞으로는 어떤 생각이 떠올랐을 때, 다른 사람들에게는 그 생각이 아무리 터무니없이 들린다 해도 자신을 스스로 믿고 꾸준히 행동을 실천하면 원하는 바를 꼭 이룰 수 있을 겁니다. 힐 선생님의 오랜 경험과 성숙한 지혜가 여러분께 큰 용기를 주었으리라 믿습니다.

힐 박사님, 이제 정말 마무리할 시간입니다. 마지막으로 하실 말씀이 있을까요?

나폴레온 힐 이 강의를 경청해 주신 분들과 저 사이에 놓인 시간과 공간을 넘어, 따뜻한 우정의 손길과 진심 어린 기도를 전합니다. 제가 드린 메시지로 인해 여러분 모두가 더 풍요롭고 충만한 삶의 축복을 누리기를 기원합니다. 삶의 가장 큰 기회는 바로 지금 이 순간에 존재합니다. 말씀드린 자기 경영 차원의 성공 원칙들을 성실하게, 꾸준히 실천하면 꿈꾸었던 성공이 현실의 삶에 서서히 모습을 드러낼 겁니다. 다른 누구도 아닌 제가 했던 말과 함께 응원을 보냅니다.

"먼 곳에서 기회를 찾지 말고, 지금 여러분이 있는 바로 그곳에서 기회를 발견하고 끌어안으세요."

옮긴이 박영준

대학에서 영문학을 전공하고 대학원에서 경영학을 공부한 후 외국계 기업에서 일했다. 현재 바른번역 소속 전문번역가로 활동 중이며 국제정치, 경제, 경영, 자기계발, 첨단기술 등 다양한 분야의 책을 번역하고 있다. 역서로는 《프로젝트 설계자》, 《시간 해방》, 《당신이 생각하는 모든 것을 믿지 말라》, 《슈퍼에이지 이펙트》, 《컨버전스 2030》, 《언러닝》, 《존 맥스웰 리더십 불변의 법칙(25주년 특별개정판)》, 《포춘으로 읽는 워런 버핏의 투자 철학》, 《우버 인사이드》, 《최고의 리더는 사람에 집중한다》, 《훌륭한 관리자의 평범한 습관들》 등이 있다.

성공학 대가가 삶의 끝에서 발견한 자기 경영의 비밀

나폴레온 힐과의 마지막 대화

초판 1쇄 인쇄 2024년 10월 24일
초판 1쇄 발행 2024년 11월 1일

지은이 나폴레온 힐
옮긴이 박영준

펴낸이 임경진, 권영선
편집 여인영, 김민진 **마케팅** 최지은, 배희주

펴낸곳 ㈜프런트페이지
출판등록 2022년 2월 3일 제2022-000020호
주소 경기도 파주시 회동길 37-20, 204호
전화 070-8666-6190(편집), 031-942-0203(영업)
팩스 070-7966-3022
메일 book@frontpage.co.kr

ISBN 979-11-93401-34-7 (03190)

만든 사람들
편집 여인영 **디자인** 유어텍스트 **제작** 357제작소 **마케팅** 최지은, 배희주